微语集 3

2017~2019

谢炳超

著

东方出版中心

图书在版编目（CIP）数据

微语集. 3, 2017～2019 / 谢炳超著. 一上海：东方出版中心, 2021.2
ISBN 978-7-5473-1411-1

Ⅰ. ①微… Ⅱ. ①谢… Ⅲ. ①社会科学－文集 Ⅳ. ①C53

中国版本图书馆CIP数据核字（2021）第016550号

微语集3（2017～2019）

著　　者　谢炳超
策　　划　邓　卫
责任编辑　张芝佳　唐君宇
装帧设计　陈绿竞

出版发行　东方出版中心
地　　址　上海市仙霞路345号
邮政编码　200336
电　　话　021-62417400
印 刷 者　杭州日报报业集团盛元印务有限公司

开　　本　700mm × 1000mm　1/16
印　　张　19.25
字　　数　162千字
版　　次　2021年2月第1版
印　　次　2021年2月第1次印刷
定　　价　50.00元

自序

写微博、发微信、发头条，已经成为我生活的一部分，融入了我的起居作息。从起初强迫自己，到慢慢习惯，到如今变成每天必须完成的作业，犹如人要吃饭、睡觉一样，一天都不能少、一天也不能漏。

写写微博、发发微信确实有一定好处，能记录人生过程中的一些看法、想法与观点，能记录遇到一些事时的经历与感想，能记录碰到一些人时的交流与启示，能记录对某些社会问题的认识与思考，特别能记录对一些特殊事件、特殊人物的评论、意见与建议。

随着年龄增大，记忆力越来越差，刚才想的事、记的人，回过头来就给忘了，如果不抓紧用笔或手机记录下来，可能永远想不起来了，“好记性不如烂笔头”，经常记、每天写、不断想，确实颇有收获，值得不懈努力。

人生短暂，过去一天就少一天，一生中如果都不能给当下这个时代或后人留下一些属于自己的看法、想法、建议、意见和观点，人生等于白活了。所以，我要活到老写到老，争取每三年出一本《微语集》，直至写不动为止。

目录

2017～2019

商道篇

正兵合，奇兵胜，明战为正，隐战为奇，明战靠的是实力，隐战靠的是计谋。市场竞争同样如此，明的靠企业实力，隐的靠企业计谋，实力靠企业日积月累、苦心经营、逐年夯实，计谋靠企业育人用人、不断创新。正兵与奇兵、实力与计谋相辅相成，两者不可缺一，企业运营与发展，务必懂得两事都要强。

企业都有生命周期，企业的生命周期包括创办、成长、成熟、衰退几个阶段。但是，企业生命周期的长短千差万别，有的半路夭折，有的不断成长，有的经久不衰，有的死后重生。怎样才能延长企业生命周期？关键要看老板的决策力、员工的执行力、企业的竞争力、团队的创新力，因强而长、因弱而短。

我讲的企业生命周期，主要指一般的民营企业，而不指央企、国企等企业，也不包括一些项目公司，因为大多数项目公司的生命周期以项目周期为准。一般来看，企业的生命周期，犹如人的生命周期，既避谈半途夭折，也不究得道成仙。能否延长企业生命周期，全靠战略、经营与创新。

什么叫民营企业家精神？一是艰苦奋斗、努力拼搏、敢于冒险的创业精神；二是不断学习、善于思考、敢于实践、敢为天下先的创新精神；三是规范自律、依规合法，对企业、员工和客户负有责任感，对社会负有使命感，愿为国家、社会作出贡献的奉献精神。符合上述精神的，才算是合格的民营企业家。

中国企业人士的职责是什么？就是用最少的资源，制造出最佳的商品，满足最广大消费者的需求。在贯彻“创新、协调、绿色、开放、共享”发展理念的新时代，企业人士一方面要为GDP增长、促进经济发展作贡献，同时要为降低能耗、提高效率、保护环境、追求共赢，推动社会文明、和谐与进步，尽到应有的责任。

有些民企急于求成，认为投入即有产出、销售即有盈利，然后抱着赌徒心态孤注一掷，将所有的资源都与企业捆绑，本以为当下苦点累点就能换来美好的明天。可是，偏偏由于滞后效应，导致他们在黎明前倒下。人人都在追求美好未来，但平安总比美好未来更要紧，建议尽量储存过渡“粮”。

投资项目成与不成，大多与“天时”相关，除了天气环境等客观因素之外，还要看是否符合国家方针政策和发展战略。选择任何投资项目，首先要考虑是否符合“天时”，其次要考虑社会发展趋势、市场需求和自身优势，再次要考虑人才、技术、资金、能源、土地等基本要素。

任何人从事任何投资项目，不论做怎样的预测、风控，总有一些想象不到、预测不了或无法控制的意外事件发生。俗话说“谋事在人，成事在天”，不管天助不助人，总要周密思考、尽量设防，总要做最坏打算，然后针对各种想象中“最坏的可能”，做好相应的对策，以保证投资项目有序推进。

很多投资项目想象中很美好、交流起来很来劲，但是实际情况并没有想象中那么美好、那么简单，在实际运作中会觉得很累、很繁琐，在执行过程中会特别艰难、痛苦，所以说："想象很丰满，现实很骨感。"建议投资者在选择投资项目时，务必深入调查研究、慎重严谨决策，以免进退两难、后悔不已。

对投资者来说，考虑的是投入产出比。投资少、产出高、风险低的为最佳项目，投资少、产出低、没风险的为较好项目，投资大、回报高、风险大的为一般项目。投资过程中，减少投资额度和降低投资风险都是提高效益。因此，在投资项目的执行过程中，为了减少投资额度、降低风险，需要进一步优化方案。

事业能否成功，不仅要靠自身的能力、水平与方法去打拼，而且需要自身的素质、品行与德性来支撑；不仅需要凭着个人的综合实力与不懈努力，而且需要团队的综合实力与共同努力。因此，要想事业成功，不仅要考虑自身利害得失，更要考虑团队及每位成员的利害得失，只要做到"我为人人"，就会获得"人人为我"。

都说企业需要文化，文化在于突出理念，理念在于打造，打造需要故事。于是，编故事、讲故事、传故事，成了打造企业文化的主要内容，也成了老板的主要任务。编得好、听得进、传得广的故事，真的成了企业发展的助推器，而那些故事编得太虚、太玄、太神的企业，却以失败告终。

拥有强烈欲望者很多，追求大私大利者更多，但真正靠占有、强霸等手段来实现欲望、获取利益的人很少，即使在某段时间、某个空间内获得，最终也没有几个人有好下场。事实证明，那些做到欲而不贪、私而不沾、不计名利、顾全大局、先公后私、舍己利他的人，往往就能以无私成就大私、成就大业。

如何理解“四个意识”？政治意识是根本，要始终保持清醒的政治头脑与坚定的政治立场；大局意识是关键，要围绕党的集中统一大局，善于观察形势，做好本职工作；核心意识是保证发挥党的核心作用，处理好核心与参与的关系；看齐意识是党团结统一的必要条件，要主动向党中央看齐、向党的路线方针政策看齐。

五个发展理念的内涵与目的是什么？创新发展是注重解决培育发展新动力的问题；协调发展是注重解决发展不协调不平衡的问题；绿色发展是注重处理好人与自然和谐共生的问题；开放发展是注重解决好发展的内外联动问题；共享发展是注重解决好社会公平正义的问题。解决诸多问题，是为了实现全面建成小康社会。

民营企业人士读懂并理解“四个全面”“四个意识”“五大发展理念”等战略、方针、政策、路线非常要紧。党的方针、政策、路线直接关系到国家命运，关系到社会经济发展，关系到产业结构调整，关系到百姓生活，关系到企业前途。企业主只有把准发展脉搏，才能完善经营思路、主动转型升级、确保健康发展。

从商者能否成功，关键看是否顺商道；从政者是否成功，关键看是否顺政道。成功之后又失败，说明走了歪道；高就之后再跌落，证明执政失道。到底什么叫道？有人认为道是规律、规则、规矩，有人认为道玄之又玄，难以言表，还有人认为道藏在万物之中、存于万事之中。其实，道就在身边、就在心中。

好朋友可以成为好股东，好股东也可以变成好朋友，但是股东是股东，朋友是朋友，两者之间不可混淆，否则会带来后患。因为股东以合作为基础、以经济为纽带、以追求盈利为目的，朋友以友谊为基础、以关系为纽带、以增进感情为目的。如果两者之间混淆，很容易产生矛盾，很容易变朋友为冤家、变股东为敌人。

确有不少好朋友一起创业、一起投资、一起做生意，由于关系友好、彼此信任，再加上顾及情面，于是忽略了制度、规则与契约。如果各自做到干净无私，也许还能勉强合作。否则，亏了产生误会，赚了相互猜疑，结果变误会为意见、酿猜疑为矛盾。为了友谊长存，尽量做到亲兄弟、明账目。

“小老板做事，中老板做市，大老板做势”，这个理论与企业规模无关，而与老板的气度、能量、格局相关。就是说：老板气度决定企业规模，老板能量决定企业前景，老板格局决定企业平台。大多数老板在与企业共同成长的过程中，懂得如何做事、何时做市、怎样做势，但却有部分老板因为定位错误，致使驾驭失控。

大多数民营企业的股东之间总有一点关系，大家为了一个共同目标，一起创业、一起投资、一起做生意。他们大多能依法组建企业，共同确立规章制度与操作程序，并明确职责、义务与权利。但是，也有不少企业由于发起人强横或是一股独大，很容易出现亏了大家承担，赚了独享成果的结局，因此，请不要轻易糊涂参股。

工业地价飙升，是好事，还是制造危机？政府与业内各有观点。我认为，在工业经济并不景气、供给侧结构性改革、工业企业转型升级的当下，工业用地的需求总量应该有所下降，工业用地价格理当同时下滑，目前逆势而上的现象，肯定不正常。如果属需求拉动，恐怕好景不长，如果靠投机拉动，后果不堪设想。

公平互利是市场基本规律，平等共赢是社会追求目标。纯属奉献的事，大多数人不愿意干，纯粹获取的事，大多数人不愿意给，实现互惠互利、平等共赢才是世人共同的愿望。因此，我们不论做什么事，既要明白别人需要什么，又要明白自己拥有什么，实现资源整合、优势互补，大家才会自愿行动、携手并进。

企业战略定的是格局、架构、目标、方向、文化与理念，关心的是政策、形势、环境、市场、对手、趋势与竞争；企业战术要的是方案、计划、实施、对策、手段、方法与应变，重视的是人才、技术、资金、品牌、团队、制度与岗职。战略与战术是两个层面的不同表现，两者必须融合与匹配，否则就会变成空对空。

企业发展战略确定之后，紧接着战术要实施到位，要将理论的战略变成实在的战术，要将理想的思维变为可行的方案，而不可想一套、说一套，干的又是另一套。在实施的过程中，如果发现战略不符合实际、定位不正确，应该对战略与定位进行修正和完善，而不能靠战术调整与弥补，否则容易出现两张皮，后果很严重。

企业的根本目的是什么？大多数人认为是追求利润最大化。如果人们带着这种根本目的，会导致企业唯利是图，市场竞争环境恶劣，长此以往则势必会带来更加严重的社会问题。因此我们要改变关于“根本目的”的固定思维，明确企业的根本目的是“为了满足市场乃至全社会的需求”。

很多人的精力与时间用在忙现在、为未来；有不少人只是忙现在而不顾未来；有不少人忙的是现在，既为了过去，也为了未来；也有不少人现在忙得晕头转向，为的是给过去收拾烂摊子，而没时间去考虑未来。不同的人、不同的能力和不同的思维，决定不同的忙碌。反之，看你现在在忙什么，就知道你的能力与思维到底怎么样。

看清形势、想好未来，才会做好当下、把握前途；不管未来前途是什么，都要从现在做起，只有做好当下，才有未来故事。如果不明白当下要做什么、会做什么、该做什么，那么不可能实现什么；如果当下不做好、做不好、不好好做，那么会给未来留下漏洞、问题与矛盾，未来的每天，必将为当下埋的后患买单。

产品有无竞争力得市场说了算，产品质量好不好得消费者说了算，投资项目好不好得投资商说了算，人品好不好得打过交道的人说了算……所有的“王婆卖瓜，自卖自夸”都是没用的。在市场开放、信息透明的时代，品牌、质量或人品到底好不好，都要经得起市场乃至全社会的鉴定，所有自以为是的人，都将必败无疑。

在合作共赢的年代里，合作者无不希望为了共同目标而努力奋斗。但是，在寻求合作的人群中，却有一小撮人借着合作的幌子，蓄意制造矛盾、专干害人的坏事。这种人为了获取伙伴的信任，初期装得真诚、规矩、殷勤，一旦时机成熟，立即翻脸无情、陷害伙伴。有很多现实例子，值得深思。

事业顺利的时候，也许能够一呼百应、前呼后拥；事业受阻的时候，就会遇到刁难阻挠、背弃离队。干事业需要人才，更需要忠诚得力的团队，千万不要将拍马溜须的人当人才，更不能将乌合之众当团队，否则即胜也输、即成也败。干任何事不可能一帆风顺，与其到时出险，不如当下动真，努力打造团队，以保稳健发展。

在洽商、交流、参观、合作等过程中，不要轻易指点他人，而是首先完善自己。自己不完善，指点没轻重；自己没实力，指点没资格；自己没地位，别人不理你。故此，我们没必要将精力与心思放在指点他人上，而要努力改善自我，只要自己出类拔萃，不愁他人不听你，不怕他人不服你。

当下经济发展冷热不均，盈利模式千差万别，成功者能实现几何级增长，达到 1+1=11 的功效；失败者却是连根拔起，变成 11－1=1 的结局。以几何级增长者，再也看不上正常业务；连根拔起者，再也无力回天。不论成败其实均不符合经济规律，不仅影响市场秩序，更会影响社会秩序。力求稳健发展，能保社会和谐。

做生意与做项目投资不大一样，做生意可以长期做，也可以做一笔歇一下，还可以根据需要做不同生意；从事项目投资，需要一定的运作周期，需要启动、计划、执行、监督、结尾的过程。如果将投资项目当生意来做，就会急于求成，容易半途而废；如果将生意当投资项目来做，成本难以控制，容易得不偿失。

生意之间希望建立稳固的业务关系，交往之间希望建立稳固的情感关系，劳资之间希望建立稳固的雇佣关系。如何加强与维护这些关系？不能依赖别人的配合支持，而是要靠自己努力奉献；不仅要懂得做生意、做事情，更要懂得交朋友、做善事，只有把人做好、把事做好，才会赢客户的信任、朋友的支持、员工的拥戴。

有些生意人可能分不清谁是过客、谁是顾客，他们要么一律热情相待，要么一并机械相对。如果热情相待还好，至少可以赢得良好口碑；如果机械相对，可能给人不好的印象。开店做生意，热情相待是应该的，如果想巩固客户群、提高美誉度、赢得忠诚度，还须采取个性化服务或差异化经营等措施。

开店做生意的人，都知道谁是顾客、谁是过客，但是，过客与顾客不是固定的，会随着服务、质量、信用的变化而变化，如果服务好、质量好、讲诚信，过客可能会变为顾客，相反，顾客却会变成过客。开店做生意不容易，不仅要精心经营、细心打理、热情服务，而且要分清客户类别、满足客户需求、打造忠诚客户群。

到饭店或酒店用餐的客人分两类：一类叫顾客，是照顾业务或经常光顾的客人；另一类叫过客，是因生活或工作需要而来店的客人。一般看来，店开在闹市或客流量大的地方，主要靠过客；店开在相对僻静的地方，主要靠顾客。过客是因时、因事而定，顾客是因人、因关系而定。靠顾客还是靠过客，是市场定位的前提。

在众筹、风投的热潮中，有人通过众筹、风投的方式，做成了项目、做大了事业，结果皆大欢喜；有人筹措到了资金，但是事情却做不起来，结果搞得人际关系紧张，无法向众筹者交代；也有人借势采取众筹模式，造出一些“好项目”，通过运作，募集资金，用于私享，结果是富了个人，却失去了信用。

任何项目都是整体的，从启动、计划、执行（实施）到收尾，总是环环相扣；从人员、技术、资金到资源，总是样样匹配；从制度、岗职、管理、监督到服务，总是面面俱到。如果中间缺一环、少一件、差一样，就会给项目带来损失或导致项目失败。不论任何项目，都应该全面考虑与精心筹备，否则可能半途而废。

企业可以通过平台、品牌、合作、加盟、嫁接、授权等形式，发挥边际效应的作用，助推企业快速发展，但是边际效应是双刃剑，正面效应能增加效益，反面效应却能带来风险与危机。边际关系中大多是游离分子，当主体核心力量强劲，游离分子自然靠拢，一旦核心力量失势或失控，游离分子就变为可怕的危险分子。

企业运营与发展过程中，需要重视安全生产、产品质量与品牌建设，需要制定规章制度、操作规范与岗位职责，更要确定前进方向、发展战略与企业文化，这叫虚实结合、齐头并进。但是，企业老板理当明白：没有经营生产，企业文化是无根之木；没有企业文化，经营生产是无叶之树，只有两者融合，方能健康发展。

在激烈的竞争环境中，拼的是专业优势与综合实力，小微企业单干很容易被淘汰，因此，派生出同行抱团、跨行结盟、产业链联盟的新格局，在一定时间与范围内，抱团、结盟和联盟既能避免恶性竞争，又促进了携手发展。但抱团、结盟或联盟属松散型关系，根基很不牢固，一有风吹草动，很容易瓦解。

企业老板、单位负责人或某组织领导，应该分清楚工作与生活之间的界线：什么时候代表组织身份？什么时候代表个人身份？什么时候体现的是组织行为？什么时候表达的是个人行为？这些事如果分不清楚，很容易坏事或出事。做人做事，必须明白公是公、私是私，只有公私分明，方能胜任老板、负责人与领导者的角色。

共享与分享有什么区别？从“共”与“分”的本意来看，两者是矛盾的。但从共享与分享的词义来看，属同一内容的两种不同表达方式，可以说，共享就是分享。如：老师授课是将知识分享给学生，全班共享老师的知识，而对学生个人来讲，又属分享到老师的知识；平台同样如此，既有集体共享，又有个人分享。

办企业难免会遇到各种坎坷，所有的问题、矛盾或事件，都有起因、发生、演变、恶化直到解决或处理的过程，很多问题、矛盾、事件表面上看已经处理完毕，但是因受滞后效应的影响，实质上并未得到根本解决或处理。建议在解决或处理问题、矛盾或事件的过程中，务必考虑滞后效应。

大多数司机在开车之前都会试一下刹车，以防意外发生；企业老板也一样，在创办企业时，不仅要有工作计划、发展战略，也要有风险预测与防范措施，在计划或战略实施过程中，及时修正与完善，一旦发生非正常事件，要采取有效措施，及时启动预案，及时调整与控制，确保企业平安与正常运营。

汽车都有油门与刹车。如果只有油门而没有刹车，一旦踩上油门，就面临着巨大的风险；如果只有刹车而没有油门，那就无法前进。企业同样如此，油门好比发展，刹车就像控制。只有发展而没有控制，速度越快越危险；只有控制而没有发展，也会被市场所淘汰。只有将“油门”与“刹车”配合好，才能保证企业稳健发展。

大多数人注重边际成本、边际收益和边际效应，而很少人关心边际风险。事物往往相对存在，有成本、有收益、有效应，肯定也有风险。边际风险不仅难预测、难控制，而且会增大成本、制造亏损、弱化效应。一旦发生边际风险，可能置企业于死地，故此，人们在追求边际收益和边际效应之前，先要做好边际风险防范。

都说传统企业要“转型升级”，到底怎么转、怎么升？好多人心中没数，包括一些行家专家也说不出所以然。传统企业“转型升级”是必须的，但是，“转型升级”对传统企业来讲，是自我剖析、脱胎换骨的大事，不能也不可能轻易转、随便升，如果没有充分准备，企业很可能在“转型升级”的过程中倒下。

在掘到第一桶金之后，大多数人有选择新生意、新项目的可能，他们会在不经意间，被“好项目”“高利润”“有前途”所诱惑，积极主动地跨入新行业，一不留心就容易掉进陷阱。如何在跨行中立于不败之地？建议深入调查、掌握行情、冷静对待、量力而行、把握总体、搭建团队、重用专才、追求共赢。

各行各业都有专业人员、高手行家，这叫术有专攻、学有专长，那些专家们都是靠时间、精力、专心磨出来的。因此，跨行真的很难，成为跨行行家更难，特别是在瞬息万变的信息化时代里，成为跨行专家、求得跨行发展，成功概率非常低。但是，当你不小心已经跨行之时，只能背水一战。

如果将企业比作帆船，员工就是水手，老板就是舵手。如果水手不卖力，就会带来扬帆、压舱、行速、靠岸、锚定等方面的困难；如果舵手没有能力或主观强势，就会有颠簸、翻船、迷失方向或偏离航线的危险。企业与帆船一样，都要讲究结构合理、架构匹配，讲究舵手与水手默契配合，讲究企业老板与全体员工齐心协力。

企业像一艘帆船，不管是小帆船还是大帆船，都要讲究船体与锚、舵、桅、帆相匹配，有一项不匹配都不行。船大帆小行不动，船小帆大易翻船，船大舵小易失控，船小舵大变阻碍，桅高帆瘦船不稳，桅矮帆宽不着力，船小锚大启不动，船大锚小难固定。如果将企业比作帆船，务必重视匹配，否则会影响运营与发展。

“资源整合、优势互补、共享共赢”是一条良好的发展之路，听起来很有道理，但是，谁整合谁、谁与谁互补、怎样实现共享共赢目标？在实际的运作过程中，总会碰到一系列难题，即使整合或对接成功，也会因为投入、利益、风险、分配、名誉、文化、目标等问题，产生意想不到的矛盾，导致不欢而散甚至法律纠纷。

很长一段时间里，我和部分企业主一样，陷入一个自以为是的误区：将自己喜欢的事，误以为是广大客户的需求；将老板的需求，误以为是多数员工的需求。陷入这个误区之后，容易造成错误的思考与错误的决策，可见，搞清楚“谁需要”，对企业发展起着关键作用。

从企业或商业角度看，做任何项目、任何产品、任何工作，都要弄清楚“谁需要”的问题：是老板需要还是员工需要？是供应商需要还是客户需要？是社会需要还是政府需要？先弄清楚需求对象，方能围绕需求对象作文章，从满足需求者需求出发，获得需求者认同与支持，有利于共同推进项目、产品落地或工作落实。

搞活动是推销、推广的基本手段，很多企业或个人喜欢搞各色各样的活动，来吸引合作者、加盟者或消费者参加。每一次活动，都是一场广告，本次活动搞得好不好，直接影响到下次活动是否有人参加、捧场与赞助，因此，不要简单应付每一场活动，不要轻易应付每一位对象。

“知己知彼”与“知彼知己”一样吗？不一样！这是不同内容、不同层次的两句话。“知己知彼”是指既要知晓自我，又要知晓对手；而“知彼知己”是指我方应该知道，对手也知道我方。看来“知彼知己”要比“知己知彼”更深一层。谁能更深层次地了解对手、掌握对手、控制对手，谁才能百战不殆。

“兵法奇妙，关键在变”，在瞬息万变的信息化时代里，不要因他人的脚印改变自己的方向，不要将他人的成功当作自己的示范，不要将他人的失败当作自己的教训。环境在变、条件在变、市场在变、需求在变，只要看准发展趋势、预测市场未来需要，不懈努力，成功就有可能。

企业成功案例很多，大多靠核心竞争力和综合实力，核心竞争力如矛，用于攻，在研发、创新、开拓、占领、赢利、发展等方面起着根本性作用；综合实力如盾，用于守，在后勤、机制、制度、文化、团队、巩固等方面发挥关键性作用。没有核心竞争力，就无法形成综合实力；没有综合实力，就无法彰显核心竞争力。

怎么样才能成功？必须设定目标、确定战略、周密思考、精心筹划、搭建组织、突出优势、综合发力、克服困难、苦心经营、稳健推进、保护成果、巩固发展；既要有博广胸怀，又要注重细节；既要研究理论，又要敢于实践；既要注重文化，又要完善制度；既要小心坚持，又要大胆创新；既要重视盈利，又要奉献社会。

企业如何保证健康成长与稳健发展？建议“两手抓，两手都要硬”。既要注重管理、经营与发展，又要重视文化、政策与党建。如果没有管理，企业混乱无序；如果不懂经营，企业亏本倒闭；如果不求发展，企业停滞落后；如果忽视文化，企业缺乏后劲；如果不懂政策，企业失去保障；如果不抓党建，企业迷失方向。

企业经营与发展过程中，不可能没有风险，关键看如何预测风险、控制风险、转化风险。如果都没有风险，那么谁都可以办企业；如果风险都不能预测、控制与转化，那么企业肯定会倒闭。风险犹如幽灵，无处不在、无时不在，始终关系着企业生存、经营与发展，人们只有知道风险存在，才会认真预测、控制与转化。

风险潜伏在效率效益之中，风险潜伏在供销买卖之中，风险潜伏在生产施工之中，风险潜伏在物流交通之中，风险潜伏在经营管理之中，风险潜伏在社会经济之中，风险潜伏在社交情感之中……风险是个幽灵，想抛抛不掉，想避难避开，唯一办法是：综合分析、正确面对、有效风控。

风险可分为意外的或人为的，可预测（预料）的或不可预测（不可预料）的，明摆着的或潜在的，可控制的或不可控制的，可承担的或不可承担的，可转化的或不可转化的，可逃脱的或不可逃脱的……既然风险无时不有、无处不有，那就认真分析各种风险，努力做到风险可测、可避、可控和可转化。

营销模式是为了解决企业生存问题，商业模式是为了解决企业发展问题。如果没有可行的营销模式，企业生存将成为难题；如果没有独特的商业模式，企业发展将成为一句空话。可行的营销模式，需要配套的营销手段，否则，营销模式只是空壳架子；独特的商业模式，需要匹配的实施方案，否则，商业模式只是纸上谈兵。

企业文化不是靠编的，而要从自身的行业属性、服务对象、主导产品和品牌出发，结合市场定位、经营模式、发展战略和核心理念，结合企业格局、规模、团队、目标进行提炼，才能最终形成。企业文化既要符合企业实际，又要符合时代形势，既有现实意义，更有政治意义；既要注重时间沉淀，又要做到与时俱进。

企业文化不是一句空话，而是调和老板与员工之间、部门与部门之间、员工与员工之间各类矛盾的主要法宝；是统一老板、员工、合作方、上下游等相关方的理念、目标、行为的有效手段；也是企业制度、规程、岗责执行的重要保证。有文化的企业，才能走得稳、走得远，才能做好、做强、做大。

企业文化是企业价值观、核心理念、发展战略、综合形象相融合的具体表现，是吸引与留住人才、影响与感染员工的关键，是统一目标、统一思想、统一步调的关键。员工只有认同企业文化，才会伴随企业一起成长，取得成绩、走向成功；员工只有认同企业文化，才会安心工作、全心投入，才会真正感到快乐与幸福。

任何产业从萌芽、产生、形成到重视、推动、发展再到衰退，都需要很长时间，大多是波浪式推进、螺旋式上升的过程，大多会遇到挫折与困难。在产业形成、发展到衰退过程中，什么时候进入、什么时候退出，非常具有科学性，就是说，早进两步是“先烈”，早进一步是先进；早退一步是智者，迟退一步是愚人。

再好的战略也需要战术来落实，如果没有具体可行的战术来保障，再好的战略也是废话。如果将战略比作“满汉全席”，那么厨师就是战术保障，如果没有厨艺高超的厨师，再好的食材、再全的菜谱、再美的期待也是空想。办企业同样如此，如果没有一个善经营、强管理、敢拼搏的团队，再好的战略也是一种幻想。

信息化时代，如果有一步跟不上，就可能会步步跟不上。跟上跟不上，不仅是思路问题，更是执行问题。如果思路出问题，可以及时调整；如果执行力跟不上，那么再好的思路也没用；如果执行力与思路不匹配，那么调整幅度越大，差距也将越来越大。信息化时代，不仅要靠思路决定出路，更需要靠执行力来保证出路。

不断的偶然事件，肯定有必然的管理问题；不断的意外事件，肯定有必然的监督问题。不能将偶然的事件归于意外，也不能将意外事件说成偶然，如果不能对偶然事件进行预防，不能从意外事件吸取教训，那么，偶然或意外也会变为必然。面对不断的偶然与意外事件，必须严惩重罚、追根刨底、设防堵漏、杜绝后患。

在创业人群中，成功率最高的是营销人员与技术人员。因为营销人员善于运营产品，敢于开拓市场，把握厂家需求，掌握终端客户；同样，技术人员掌握产品研发，敢于创新产品，了解需求动向，把握消费趋势。当营销人员或技术人员通过能力历练、经验积累之后，慢慢拥有创办企业的要素，就能走上创业之路。

对企业来说，“发展就是硬道理”，如果企业不能赢利、不能发展，那么员工素质再高、企业形象再好都是空的。不论是内塑素质，还是外树形象，其根本目的是为了助推企业正常运营与健康发展，不管用什么方式来助推，都不能忘记根本目的，如果没有目的地搞形式、摆花样，等于在断送企业前途。

企业想正常经营与平稳发展，必须整体考虑内部的人、财、物、产、供、销、研、创、品、文，与外部的供应商、市场、银行、税务、政府、合作方（包括学校、科研机构、咨询服务机构），追求内外平衡、综合协调、共享共赢。如果其中某一项缺少或是短板，会直接影响企业经营与发展，因此，民企老板理当时刻提醒自己。

领导者与被领导者之间、管理者与被管理者之间的关系，可能是永远的上下级关系，也可能是暂时性的上下级关系。随着时间或空间的变化，人际关系，特别是上下级的关系，都有可能发生变化，甚至发生颠覆性的变化。因此，不论你当下处于什么条件与位置，既不要自傲，也不要自卑，因为未来一切都会变化。

民营企业能否生存与发展？不仅需要良好的内部环境，而且需要良好的外部环境；内部环境主要靠老板和团队的努力，外部环境却需要政府部门、银行、供应商、市场等多方面支撑；内部环境可以凭主观力量去努力营造，而外部环境不可能凭主观愿望去改变，如果企业发展不能适应外部环境时，可以学习“孟母三迁”。

办企业务必一手抓业绩、一手抓文化，只有做到“两手抓，两手都要硬”，才能保证企业正常运营与健康发展。如果只有业绩而缺乏文化，这样的企业只是“暴发户”，如果只有文化而缺乏业绩，这样的企业就是肥皂泡。只有将文化与业绩相融合，做到相互依存、相辅相成、相互促进，才能保证企业健康发展、基业长青。

有文化的企业才有活力，有文化的企业家才有感染力，有活力、有感染力的企业才有生命力；企业文化不断升华叫企业精神，有精神的企业才有内在动力，有精神的企业家才有吸引力，有内在动力、有吸引力的企业才能做强做长；支撑企业精神的原动力是信仰，有信仰的企业才有凝聚力，有信仰的企业家才有人格魅力。

政府干了企业（协会）应该干的事，企业（协会）干了政府需要干的事，这已屡见不鲜，到底是换位还是越位？见仁见智，不作评论。为什么政府干了企业（协会）的事？又为什么企业（协会）干了政府的事？目的很明确，都是为了生产力发展与生活水平的提高，但从深层次研究，也反映当下生产关系有待完善。

生意是指买卖或交易，是以赢利为目的的运营方式。从本义来讲，“生”源于生产与萌生，“意”是意愿与满意，词组解释：指萌生将生产的多余产品出让的意愿，通过交易，满足买方需求，达到双方满意。可见，生意不是简单地买卖或交易，前提是要满足买方的需求。因此，生意的核心是让客户满意、让自己赢利。

在谈合作或做生意时，任何一方都不能只站在自己角度顾及自身利益，也要考虑对方感受与权益，否则，成功概率会降低，即使能谈成，也很难执行、很难维护。合作讲究共赢，生意追求互利，离开这个基本规则，任何事都难以成功，因此，在谈合作或做生意的过程中，务必换位思考，满足他人需求，方能成就自我。

不同的企业有不同的目标，不同的老板有不同的追求，不同的人才有不同的需求，如果目标、追求与需求相悖，结果就是目标成了泡影、追求变成空想、需要不能满足。怎样才能将企业目标、老板追求与人才需求相统一？答案是老板要多了解人才的心声与生活需求，人才要多考虑企业困难与老板苦衷，换位思考，能求大同。

对于企业来讲人才很要紧，对于人才来讲老板很要紧，企业没有可用人才意味着企止业休，人才没有可靠老板不如自己创业。企业认为，凡是服从分配、认真执行、主动献策、自愿奉献的人都是人才；人才认为，凡是报酬能够满足、才干能够发挥、能获得尊重、能看到希望的企业都是好企业。企业与人才目标一致，必将实现共赢。

能否留住人才，关键看老板能否满足人才需求与希望。老板到底给人才带来物质满足，还是给予发展前途？到底带来美好生活，还是给予精神寄托？只有理解并满足不同人才的需求，才能留住相应的人才。人既很现实，又充满希望，如果既不能满足人才现实需求，又不能给予人才未来希望，那就无法留得住人才。

新时代，靠单枪匹马干不了大事，整合资源才能成就大业。整合资源并不容易，要想整合他人资源，首先自身要拥有核心资源，然后剖析自身资源的优势与不足，根据产业链、行业链、产品链的需求，走强强合作、优势互补之路；资源整合，要靠真心实意、需真金白银，而不能空手套白狼、空口讲白话。

老板有目标与需求，员工也有目标与需求，各自的目标与需求，可能不一致甚至相矛盾，如何调和与解决？要看企业能否正常运营与发展，要看企业发展过程中，能否满足并达到老板与员工各自的需求与目标？如果能，这样的企业肯定越来越好，如果只能满足或达到老板或员工某一方的需求或目标，这样的企业好景不长。

“空手套白狼”是某些人群的惯用手段，他们一手拿着授权“牌子”，一手举着“牌子”去骗人，从中获取暴利；“空手套白狼”是信息不对称、行业保护、市场垄断环境下的产物，也是投机、腐败的具体表现，这种手段如果惯用，迟早会被揭穿。生意人，要讲究有所为有所不为。

不怕内行人质疑，只怕外行人猜疑。如果内行人提出质疑，可以解释、分析、说明或回应，总能讲得清、搞得明、有结果；如果外行人提出猜疑，不论怎么解释、分析、说明或回应，始终不解猜疑，永远没有结果。凡是合作项目，尽量做内行事，如果自己外行，必须请内行人掌班；如果对方外行，必须放弃合作。

从商业角度来看，责任与义务是相辅相成的。任何商业活动都会考虑成本，承担责任需要成本，尽到义务也需要成本，而承担责任的成本远远大于尽到义务的成本。只要设定商务活动与责任挂钩，尽义务就会变成自觉行为；如果无须承担责任，尽义务将会变成空话。所以，凡是商业活动，都应当将责任与义务挂钩。

如果你对员工不关心，那么员工对你也不会忠心；如果你对客户不诚心，客户对你也不会真心。要想老板重视你，你必须对老板忠诚卖力；要想员工积极主动，你必须对员工关心体贴；要想赢得客户长期光顾，你必须真心服务、诚心待人。天下没人欠你，努力真诚付出，事后必有回报。

企业文化并不是贴在墙上、画在册上、播在视频上、发在公众号上、玩在活动上那么简单，而是要将企业文化与企业经营管理、发展战略、团队建设、创新拓展、指标任务、绩效考核相结合。企业文化需要打造个性、突出特色与塑造灵魂，企业文化的根本目的在于将企业灵魂内化于心、外化于行。

留住员工的人，靠薪酬；留住员工的心，靠文化。既提高员工待遇，又注重企业文化，这类企业才能留住员工的人和心。提高员工待遇的前提是企业发展，保证企业发展的前提是调动员工积极性，调动积极性外靠物质刺激、内靠文化引领。企业与员工、发展与发财、物质与文化，多方融合能成，相悖即败。

企业文化能否被员工接受？并不是靠说说、看看、装装那么简单，“文化如水人如鱼”，文化的水质到底如何？能否让鱼儿生存、畅游和健康成长？要从员工的表层感觉、过程感受和生活感悟三方面来评价。员工如何获得良好的感觉、感受和感悟？一方面看企业主动接纳、培训、指导与引领，另一方面靠员工积极参与、接受、领会与融入。

员工能否在某企业上岗、安心发展，前提是他是否认同该企业文化，认同或适应，才会接受与融入，否则轻者格格不入，重则产生心理障碍。企业只有吸纳对文化认同的员工，才能打造来之能战、战之能胜的团队；员工只有加入文化相融的企业，才会工作开心、与同事相处舒心，才会做事真心、对上忠心、待人诚心。

在合作过程中，各自打着“小算盘”可以理解，但是，如果考虑自身利益过多，特别是为得私利而伤害伙伴利益时，结果肯定得不偿失。合作要讲诚心、待人要用真心、分享要有公心，既然选择合作，就先要考虑集体“大算盘”，多关心共同利益。在利益面前，不要斤斤计较，更不必因利伤情，否则，只能成为个体户。

都说“胸怀有多大事业就有多大”，其实并非那么简单。格局、胸怀是事业的基础，但仅有格局、胸怀远远不够，如果是胸无点墨、志大才疏的人，尽管表面显得胸怀大、目标大、格局大，但实际上缺战略、缺计划、缺措施、缺人才、缺团队，这样的人尽管胸怀大志，最终肯定一事无成。干事业要有胸怀，更需要有智慧。

要想干成大事业，首先要有容人、容事、容打击、容考验的气量与格局，不要因小事烦恼，不要与客户斗气，不要与手下争利。如果没有大气量与大格局，那就没必要干大事；如果容不了人与事，那就没必要搭团队；如果舍不得放权与让利，那就没必要聘人才。气量、格局、胸怀与事业成正比，大成大事，小做小事。

老板离开员工，就是个体户；员工离开老板，就会失业或只能自己创业。老板如果想做大企业，需要招一批又一批的新员工；员工真心想发展，要尽量选准老板、跟定老板。老板做强做大企业，不仅是为了发财与发展，也是为了体现人生价值；员工努力奋斗，不仅是为了谋生与发财，也是为了自我价值的实现。

企业内部角色怎么认定？老板是企业的当家人，是员工的“家长”；老总是企业的管家，是员工的“兄长”；员工是企业的主人，是老板的“上帝”。没有老板就没有企业，没有老总就不能将企业意志变为员工行动，没有员工一切战略目标都会落空。企业想发展，老板、老总必须善待员工，员工必须执行命令，上下同欲，战无不胜。

在企业发展过程中，可能因为老板与员工的利益、目标、需求等不一致而引发误会与矛盾，如果不及时协调解决，很容易爆发更大的矛盾，会造成企业危机。如何解决内部矛盾？一是公司治理需要组织协调机构；二是制定共同的企业战略与企业文化；三是建立老板与员工共担、共享、共赢的运营模式。

“心中没数胆子大，前程不明步伐快”的人肯定是蛮夫，蛮夫肯定会出事。办事、做事、成事，如何做到心中有数？先要深入调查研究，其次制订预案计划，再次保持沟通协调，然后加大执行力度；在执行过程中，必须及时检查、小结、修正与完善，必须做好组织、沟通、协调与控制。只有心中有数，方能稳健发展。

资源是资本、人脉是资本、理念是资本，设想与方案都是资本。有没有资本是一个层面，如何认识资本是一个层面，发挥资本价值又是一个层面。资本运作得体，可以转化为效益，可以产生价值，可以变成事业；如果运作错误，可能会违法，带来后患。资本运作犹如双刃剑，正确理解、合规运作，才会有前途。

有人说："如果给我十个亿，我会做……"这是非常可笑的假设。谁会给你十个亿？人家为什么给你？如何相信你能实现目标？如果亏损由谁负责与承担？如果没有合理的解释与完整方案，怎么可能有人给你投资？如果你真的有好资源、好项目、好方案，能经得住推敲、研究与证明，那就没必要提出假设。

有些企业虽然还很小，但老板把小企业当成大事业，不仅有总体规划与战略目标，而且特别注重员工利益、产品质量、社会口碑与可持续发展，这样的企业肯定能做大做强；有些企业虽然看起来很庞大，但老板人品却不怎么样，他可能是通过不正当手段起家的，可能有不可告人的隐私，这样的企业做得越大，下场越惨。

如果将事业当成生意做，肯定没有前途；如果将生意当成事业做，肯定血本无归。什么是生意、什么是事业，每个人心中都应该有数，两者之间如果分不清楚，肯定没有好结果。如何区分生意与事业？如果仅仅是以当下赢利为目的的，应该属于生意；如果是为了长期发展、注重社会效益的，应该属于事业。

企业家必备的“五商”，即智商、情商、政商、德商、法商。智慧是经营管理的基础，缺乏智商就无法经商；情谊是企业拓展的要素，缺乏情商就无法合作；政治是企业发展的保障，缺少政商会迷失方向；道德是经营生产的关键，缺少德商就难保质量；法律是企业生存的根本，缺乏法商会违纪违法。“五商”具备，企兴不衰。

2017～2019

明 理 篇

天有天理、地有地理、物有物理、道有道理，为何没有“人理”一词？因为理依存于规律、规则、规矩之中，而人性善变、人欲无边、人心难测，所以无法设定“人理”标准，也就没有“人理”一词。当然，没有“人理”一词，不等于人无理可讲，而是告诫人们要遵天理而生、顺地理而存、知物理而活、讲道理而立。

不管是有钱了还是强大了，不要以为自己有什么了不起，不要说些“站着说话不腰疼”的话；不管你是谁，都应该明白：当今中国还有人活在贫困中，还有人在为生存而努力。在这个贫富差距、城乡差距依然存在的时代，先富起来的人们，不仅要带领大家共同富裕，更要维护大家的尊严。

世上本来没有门槛，人们为了挡住畜禽、装饰门庭、显摆权贵……慢慢就有了门槛，当人们发现门槛的作用之后，某些行业、某些事务，学着将“门槛”当作“门障”，越设越多、越设越高，他们以为这样就能挡人，可是，他们从来没有想过，当你给别人设障之时，也给自己带来了麻烦。

很多人在追求进步、追求收获、追求成功的过程中，总是为得到而辛劳、为得不到而难受，得到了却有压力，失去时又更痛苦，复得时又转悲为喜……人们面对不同的结果，接受不同的事实，产生不同的心态，尽管喜怒哀乐都是真情流露与自然反应，但做人没必要为之胆战心惊，若能减少一点追求，便可以享受一点平淡。

未走过的路、不知道的路、心中没数的路，特别是崎岖山路、坑洼泥路，要尽量小心慢行、慎防陷阱，要注意禁止通行的单行道，特别要防止进入死胡同；还不懂的事、非专业的事、从未干过的事，特别是超出自身能力范围且心中没数的事，要尽量小心应对、慎防圈套，要注意进而难退的项目，特别要禁做与法律相违背的事。

人的素质如何，与其追求与目标相关，一个没有追求、没有目标的人，对自己的生活、学习、工作和社交就没有标准与要求，这样的人其能力、水平和素质很难得到提高。同样，一个能力弱、水平低、素质低的人，也就不可能拥有远大的追求、目标与梦想。因此，要想提高个人整体素质，首先要有追求与奋斗目标。

任何人任何时候做任何事都要做到“两看”：一是看天，二是回头看。看天就是知道季节、天气变化，做到早知道、早准备，以免影响生活与生产；看天就是知道战略、政策情况，做到早学习、早计划，以免犯错误、出问题。回头看就是防止丢三落四，避免安全隐患；回头看就是防止说错话、干错事，及时查漏补缺。

为何有些事干起来很顺畅，而有些事越来越难？这与开头好不好直接相关，俗话说“万事开头难”，如果开头不好，后面想改正那就很难，好比开车一样，如果方向搞错了、高速上错了，要想马上改变行车线路，那就难了。因此，做任何事一定要有良好的开头，好的开始，是至关重要的一环。

任何组织或个人为了发展与前途，都会编制规划、制订计划，所有的规划和计划，只是对未来目标的寄托，结果到底如何？很难说！也许预测失误，也许变化无常。如何实现目标？不仅需要不懈努力，而且要懂得以变应变、变中求胜。面对规划与计划都要做最好的期待与最坏的准备，只有这样，才能遇变不乱、稳健推进。

看表面人人都在做事、都在努力，但到底成效如何？很难说！看表象有人成功也有人失败，但到底成功与失败的根本原因是什么？很难说！人们总以为成功者是因为“有本事”，失败者是因为“没本事”，可事实并非如此，究其根源是成功者顺道、失败者逆道，道是成败之根源，切记顺道得胜、背道必败。

世界万物的生存与发展，总在某种特殊力量的吸引、推动或控制之下，紧紧围绕隐性或显性的规律、规则或规矩运行。到底“某种特殊力量”是什么、叫什么，很难下定义，也许它就是道。道，无处不在，无所不包，如：道路、道理、人道、商道、诡道、孝道等等。只有知道、顺道、得道，方能取胜发展。

“我知道”“知道了”……几乎是每个人每天都要说的话，人们真的“知道”吗？很难说！“知道”与“不知道”、真“知道”与假“知道”，是做事成败的关键，也是做人成败的关键，“知道”是顺道、得道的基础。好比人走路开车一样，如果连“道”路都搞不清楚，那么怎么前行？因此，“知道”是成功的基础。

不管你从事什么，只要摸到门道、了解路道、有了通道、顺着势道，就会取得成功。难就难在懂道而不融道、知道而不入道，常常站在门外瞧瞧、坐在岸上指指，结果是一生清贫、事业难成；怕就怕不知道而装知道、视假道为真道，常常被伪道所迷惑、被假道所欺骗，结果是忙碌一生、两手空空。

一个人的事业能否成功，与其能力水平相关，与其知道、顺道、得道相关，更与其人格品德相关。一般来讲，偶然的成功，靠的是机会和能力水平；不断成功，靠的是能力水平和道艺道行；一生成功，靠的是道艺道行和人格品德。可见，人格是事业发展的基础，品德是人生成就的根本。切记，做事先做人，做人德为先。

人的脾气、性格好坏，与其心态相关。心态好，脾气和、性格爽；心态差，脾气坏、性格倔。心态不仅影响脾气、性格，也会影响思想情绪，甚至影响生活、工作与社交。人的心态好坏，不仅与其处境、条件相关，更与其修养相关，具有良好修养才能培养良好心态，为了拥有良好的心态，必须努力成为有修养、高素质的人。

有人认为，“有修养、高素质的人，容易得抑郁症”。其实，这种解释错矣。真正有修养、高素质的人，应该是历练到家、修行得道的人，他们内心充实、平静、圆满，不太可能得抑郁症。但那些内心充满欲望、好斗争强而表面装着高素质、不计较的人，因为他们憋着气、压着火无处宣泄，久而久之，极有可能得抑郁症。

人的素养与其境界相关，境界高，素养也高；境界低，素养也低。人的境界与其智慧、胸怀相关，富有智慧、心胸开阔的人，肯定是境界较高的人。人的智慧来自虚心学习、大胆实践、善于思考与不断反省；人的胸怀来自大智若愚、志高气大、克己为公与无私奉献。可见，人的智慧、胸怀和境界，是决定素养的根本。

人们都喜欢美、欣赏美、追求美，但有多少人能悟懂美的真谛？人们都知道艺术美不如自然美，外表美不如内在美，但是人们偏偏喜欢迷人的、妖艳的外表美与艺术美。尽管自然美很重要，又有多少人懂得珍惜？尽管内在美是本质，又有多少人真心尊重？其实，美就在身边，美就在心中，需要真心珍惜与尊重。

事物在运转与变化过程中，是难以预测的。面对当下的好事或坏事，不必过于激动，也不要过分伤悲。也许今天的好事，会变成明天的负担；也许当下的坏事，却会变成将来的资本。做人，需要看准眼前，更需要展望未来，千万不可因眼前的成败而轻易总结，塞翁失马的故事随时在上演。有远见、会省悟，也许前途更美好。

在充满竞争的社会环境中，可能遇到“活动等于违法，不活动等于失败”的尴尬，总是令人忐忑不安、左右为难。在追求进步、追求名利的过程中，这类尴尬的事无不在考验人的智慧。在大是大非面前，绝不能触底线、碰红线，而要牢记个人成败是小事，遵纪守法是大事。面对名利，学会放下；面对是非，懂得舍我。

竞争会促进社会进步，遵守竞争规则，才能守住社会公理；乱了竞争规则，就会乱了社会秩序。面对无序竞争、不公正竞争，可以回避、可以维权，但不可违法乱纪；面对不去竞争就会失去机会、勉强竞争却会身心疲惫的现实，要么顺势而上、依法而为，要么与世无争、淡定坦然。

任何竞争都有成败与输赢，都会引起对立与矛盾。很多人、很多组织为了获得成功与胜利，可能会采取各种措施，甚至不择手段。竞争能调动积极性，能推动社会进步，能提高效益与价值；竞争也会制造不确定因素、制造腐败与资源浪费。竞争是把双刃剑，有利也有弊，竞争并不是上策，不战而胜方为上策。

竞争犹如战争，必有胜败赢输，“不战而屈人之兵”方为上策，如何实现不战而胜？一是资源互融、优势互补、携手并进、合作共赢；二是个性成长、独特发展、与众不同、无人比拟；三是实力非凡、水平高超、胜人一筹、受人敬慕。不战而胜不仅靠技艺还要靠境界，不仅靠水平还要凭智慧，不仅靠能力更要顺天道。

喜悦之时，最值钱的是冷静；烦恼之时，最值钱的是开心；成功之时，最值钱的是低调；失败之时，最值钱的是自信。每个人都想赚钱发财，其实比钱更有价值的是冷静、开心、低调与自信。不论生活、工作、事业处于什么状况，不论环境、条件、地位发生什么变化，千万不要丢弃比钱更有价值的东西。

成功不靠天赐，而靠智慧与天道，一般看来，小成凭聪明，偶成靠机遇，常成是智慧，大成得天道。智慧 = 聪明 + 好学 + 实践 + 省悟 + 遵道。智慧来自勤奋好学、敢于实践、不怕困难、开拓前进，来自不断思考、正视不足、自我完善，来自修身养性、讲究品德、遵守天道。

很多事，说起来容易做起来难，如果说而不做，就会影响诚信与名誉、人际关系与个人前途。为了避免产生恶果，务必量力而言、尽力而为、不要食言、不可失信。明知做不到的事，不要承诺；没能力、没时间做的事，不要答应；要紧的事、必做的事，不要推脱、不要找理由。要想成就大业，必须言行一致。

担心，有些是客观环境所致，有些是负责任的表现，有些是莫名其妙的多虑；担心，有必须的，有应该的，也有多余的。人需要担心，但没必要提心吊胆；人需要思考，但没必要胡思乱想；人要有责任，但没必要包揽一切。只要明确该担心的担心、该不管的不管、该拒绝的拒绝，才会减轻负担、开心生活、焕发精神。

生命中很多事，冥冥之中天注定，有些人与事不等而来、不约而至，无法回避、无法隔断；有些人与事总在心灵里、思维里、意识里反复涌现、不停徘徊、不断扰心。这些现象到底是什么？有人说是量子纠缠，有人说是心灵感应，也有人说这叫神经衰弱。不管它叫什么、是什么，它们隐隐约约存在，值得思考。

人生在于过程，过程中会留下一些故事，有的故事很苍白，有的故事很美好，有的故事很悲哀，有的故事很精彩。谁不想留下美好又精彩的故事？因为美好，所以幸福；获得精彩，才有价值。但是，美好故事不能靠天赐，而需要不懈努力；精彩故事不能靠编造，而需要不断奉献。其实，所有美好与精彩，全靠自己谱写。

从总统到百姓、从高官到小吏、从老虎到苍蝇，不管你是谁，如果违背法律、违反纪律、违背规则，都有可能滚下台、受审查、被惩罚。在风云多变的世界里，做人要学会低调、中庸和善良，要以稳为重、以和为安、以安为本，没必要出风头、摆架子，更不应该太霸道、太强势、太个性。

小心眼的人，大多是自私自利的人，不论在生活、学习还是工作中，他们始终将自我利益摆在首位，不顾他人利益、不顾大局成败。如果与这些人打交道，会很累、很烦、很痛苦，一旦不能满足他们的私欲，就会被否定、被搅局、被骚扰，往往会造成全盘皆输。因此，在与人交往合作时，先要了解对方的心胸。

意念决定思维，思维决定行为，行为变成习惯，习惯决定命运。从推理来看，有什么样的意念，就有什么样的人生，犹如“种豆得豆、种瓜得瓜”的道理。种的是善意，就会变成善行，种的是善行，就会带来善果；种的是恶意，就会制造恶行，种的是恶行，就会导致恶果。若能铭记这些道理，就会重善意、守善行、盼善果。

在不少场合，都能遇到一些爱发牢骚、喜欢埋怨别人的人，也有不少人常常对做过的事感到后悔，我曾经也是其中之一。仔细想想，根本没必要怨人，没必要后悔，更没必要发牢骚，如果要怨只能怨自己，所有的怨恨都是自己造的孽；后悔更加没用，既然没用，不如无悔；发牢骚不但伤感情，而且损形象。

曲折的路、不平坦的路、堵车的路、三岔路、十字路总比直行、平坦、无堵、畅通的路要多得多；曲折的事、痛苦的事、烦恼的事、不顺畅的事、复杂的事，总比直接、快乐、简单、容易的事要多得多。这是自然规律，也是社会规律，明白这一点，遇到阻碍、不顺、烦恼、复杂的事，就不会怨人、后悔与发牢骚。

在“双创”年代里，立大志的人很多，立大志就能成大事吗？很难说。立大志需要团队支撑与努力，干大事需要他人帮助与支持。因此，要想赢得他人追随与信任，要想获得他人支持与关照，先要懂得包容、善于包容，包容才是立大志、干大事的基础，如果没有包容的胸怀，即使立了大志，最终还是竹篮打水一场空。

世上很多道理，有圣人教诲，有故人总结，也有学者归纳。众多道理中，有的懂有的不懂，有的似懂非懂，看得懂的不一定能做到，听得懂的不一定能解释；不懂的更不知怎么做，做了也不知做得对不对。很多人自以为很聪明、很内行，我也不例外，其实，活了大半辈子，顶多只了解一点皮毛，因此，千万不可自以为是。

世上任何事物，都有起源、发展与结果。事物有简单的，也有复杂的；过程有平静的，也有热闹的。单从表面或某个角度来看，很难看清、看透事物本质，表面很平静的，也许内在汹涌澎湃，形状很简单的，也许结构错综复杂。要想了解事物本质，必须弄清事物形成与变化的过程；只有了解事物本质，才能作出判断与决策。

每个人都有自己的思维与行为方式，思维与行为方式会随着年龄、环境、心情、时间、对象、事件的变化而变化。如果用定势思维去认识、判断、对待他人，那么可能不正确，也容易带来麻烦与后患。俗话说“士别三日当刮目相看”，在瞬息万变的年代，需要与时俱进的思维与行为，去面对当下或未来的一切。

人的思维与行为可能会随着环境、时代、条件的变化而变化，但脾气、性格、习惯很难变化。在人际交往中偶有发现，尽管某些人的年龄、生活、工作、身份、地位等已经发生了很大变化，可是他们不良的性格、脾气与习惯依然如故，如果真的不改，可能会有麻烦。

很多人生活在烦恼与痛苦之中，并非因为当下的困难与压力，而是因为过去遗留的后患、问题与矛盾。时间不会倒流，后悔没有结果，过去的一切已经成了历史，但是，过去遗留的问题一旦无法有效控制，也许会带来麻烦与后患。世上没有后悔药，为了减少烦恼与痛苦，必须办好当下每件事。

如果身患小病，可以自我调理恢复，也可以靠药物治疗；如果犯了小错，可以靠自省悔过修正，也可以靠外力训教；如果追求成长进步，可以靠自我学习提升，也可以借助教育帮带。但是，如果得了大病、犯了大错或者差距太大，那么靠自身无法挽救，只得接受外力大治、大惩或大整。

形势在变、环境在变，需求也在变，面对各种变化，既要承认事实，也要适应变化。作为决策机构或决策者必须出台与变化相对应、相匹配、相促进的新战略、新规划和新措施。作为执行者、从业者或创业者们，也要根据各种变化与实际需求，与上级或组织同心同德、步调一致，认真执行并努力完成各项任务。

不少执行者觉得身累心也累，他们认为主要原因是事务多、压力大、领导善变、他人不配合等。而领导却认为：事情多是因为他们执行能力不强，压力大是因为他们水平与气度有限，领导善变是因为他们没有摸透领导脾气、没有理解领导意图，他人不配合是因为他们人际关系处理不好。其实，换个角度思考，一切都很正常。

由于人性善变、人心无常、欲望无边，儒释道三家制造出整套关于天理、地理、物理、道理的学说，意在约束人心、规范人性、控制欲望；法学家、管理学家又制造出与治理、管理等“理”相关的法律、规矩及规则，同样意在约束与规范人的思想与行为。可见，重理之下，才得良知。

谁也不知道未来是什么，但都知道该为未来做些什么，如果当下不努力，未来就是一个可预料的定数；如果当下坚持努力，也许未来的定数会成为变数。一点点的努力，可能会让变数成为向上向善的正数。都说命是天注定的，而我认为运是可以改变的，只要珍惜当下、不懈努力，坚信未来的日子就一定是快乐幸福的。

天理与人欲是一对矛盾，天理有定数、有规则、有规律，人欲却与天理相违相悖。天理劝人食粗茶淡饭，人欲却追求山珍海味；天理劝人要劳逸结合，人欲却喜欢熬夜通宵；天理定数是生老病死，人欲却追求长生不老。天理有数，人欲无边，顺天理者幸福，违天理者痛苦。

很多事，总是经历循环，比如：人穿衣服从为了遮丑、保暖到追求齐整、规范、高档、品牌，再回到只讲风度不要温度、有意剪破衣裤、有意露丑；人吃东西从为了吃饱到吃味道、吃花样、吃营养，再回到吃五谷杂粮、少吃节食……很多事从表面看是回归原点，实际上是人生观改变的表现。

命运与欲望是对纠缠不清的情人，有时情投意合，有时翻脸无情，有时命运跟随欲望走，有时命运背着欲望去；欲望正而命运顺，欲望得而命运好，欲望邪而命运绝。不论命运如何，尽量使欲望既不唾手可得，又不过高过远，只要不断努力，就能使欲望与命运紧紧拥抱。

一位佛学大师带学生们到佛殿游学，学生们见佛像跪拜，大师问："你们拜的是谁？"学生们答："是佛。"大师："这些泥塑、木刻的像是佛？"学生们答："是的。"大师追问："佛是泥塑、木刻的吗？"众学生答："不是。"大师再问："不是，你们拜什么？"众学生哑然。大师说："那就请你们思考答题。"

众学生随佛学大师到了另一佛殿，巧遇和尚们为新塑的佛像开光，一学生对大师说："大师，塑像经过开光后，就有了灵气，便变成了佛。"大师问："佛教虽然不分等级，但智慧与觉悟层次可分为佛、菩萨、罗汉、声闻、帝释、比丘（比丘尼），仅凭比丘（和尚）的智慧与觉悟，能给佛开光吗？"众学生再次无语。

师生们回到教室，一学生不解提问："大师，近两千年来，人们都是这样塑佛塑菩萨，都是请和尚开光，信众都是烧香跪拜，难道搞错了？"大师说："你的问题提得很好，我们不用去纠结，但我要告诉大家，佛是智慧觉悟化身，是精神信仰依托，你我若能按佛的境界要求自己，同样能成佛，拜佛其实就是拜自己。"

如果说美好的生活来自正确选择与努力打拼，那么烦恼与痛苦则源于错误选择与慵懒无能。人生过程中，我们常常发现好与坏、是与非、赢与败，紧紧纠缠交融；同样，美好与痛苦、正确与错误、努力与慵懒，很像一对对纠缠的量子，一旦选择错误或者不够努力，就会带来烦恼与痛苦。

一个不经意的错误，很有可能导致事情失败、名誉受损；一次不小心的过失，也很有可能带来情感损伤、人脉断裂。“细节决定成败”，如果不及时检讨、反思与省悟，那么就会带来更大的损失与后患。只有谨言慎行，方能求得平安。谨言慎行，非贤即圣。自律才能走得更远更稳，才能做到善始善终。

几乎人人都拥有资源，但个人资源都是有限的，如果各自独享，那么肯定会导致资源分配不均，结果产生人人有资源与人人缺资源的矛盾。如何让资源得到有效利用？最好的办法是共同搭建资源整合、资源交易、资源互换、资源互助平台，通过整合、交易、交换与互助，满足各自所需，实现共享共赢。

凡是有良知的人，都想为社会做点好事，凡是有事业心的人，都期望自己有所作为，凡是想体现自身价值的人，都必须积极奉献。一个人要想做点好事并不难，只要用心去做、努力去做，就能做得到、做得好，但是，要想有所作为并不容易，特别是想达到自愿奉献的境界，难上加难。当然，努力之下必有成功。

知行合一是褒义词，劝人要拥有正面、积极、向上的心灵与行为，要做有道德、有良知的人，要做内心善良仁慈、行为文明礼貌的人。可以说，知行合一才是推动社会进步的主要动力。知道和做到是很难统一的事，我们平时对很多人生道理侃侃而谈，可直正做到的没几人。只有做到知行合一，才能领悟阳明文化的核心。

有人认为，王阳明的“知行合一”与言行一致、表里如一、心口如一是一样的，其实不然。从表象上看，都是表达内心与行为一致，从境界上看，“知行合一”要求极高：“知”是良知的知，要求以道德为基础，凭着良心做人，“行”是品行的行，要求行为端正、举止文明，意在劝世人成为良知与品行相融的人。

要想做事办业取得成效，不仅要重视战略目标、工作计划、执行能力，更要重视管理细节。虽然干大事可以不拘细节，但是如果细节管理不到位，就很有可能出现“蝴蝶效应”，一旦控制不住，就会前功尽弃。因此，凡是干大事、办大业的人，都会视重细节管理。只有做实做细，才能成就大业。

为何有些人退下来依然吃香？有些人退下来没人理睬？关键看四个方面：一是看退下来后是否依然拥有人脉资源，二是看在岗时是否打下良好基础，三是看是否练得一技之长，四是看其人品到底如何。人生一切都是修来的，退休后吃香不吃香，关键看其道行修得怎么样。德才兼修者自然吃香，否则，肯定没人理睬。

心，可分无心和有心。无心是最高的境界，主要表现在无分别、无欲念、无憎恶、无爱慈、无贪欲、无奢求、无喜乐、无急怒、不欢心、不动心、不关心、不惊心、不烦心、不伤心。平凡之人，拥有平凡之心，容易变化、喜怒、受挫。因此，平凡之人若能品尝无心滋味，方能享受快乐生活。

人们为了生存、生活与事业，都会努力发挥自身的能力、水平、思维、人脉、专业、特长、脑力和体力。只要充分发挥、不断努力，相信人们都会获取优越的生存环境，获得满意的生活条件，到达理想的事业平台。“拼搏到无能为力，努力到感动自己”，每一个人都有巨大的潜力来实现自我追求和价值。

人身自由是相对的，人心自由是有限的，即使有权决定自己的思想与行为，或是有足够的理由让自己作出自由的决定，也改变不了各种因素与条件的限制。任何人不要以为可以完全自由自在，不要以为自由是自己的权利，不要为绝对自由而付出代价，只要想开点，就会觉得现在已经很自由了。

人们能够生存，自有其求生存与适应环境的本领；人们能够生活，自有其追求生活与过好生活的能力；人们能够事业有成，自有其事业有成的理由。因此，没有必要去询问与研究他人是如何求生存、如何过生活、如何事业有成的，而要花更多的时间与精力，研究自己如何适应生存环境、追求美好生活。

权不在大，办实事就好；位不在高，得民心就好；名不在响，受尊敬就好；钱不在多，足够花就好；业不在大，有作为就好。做人做事不要强求，有多少能量用多少权，有多少水平干多少事，有多少胆魄撑多少业。如果才位不配、德才不配，那么登高必跌重、后患无穷，故请量力而行。

“好了伤疤忘了疼”，这是多数人的通病。人最容易忘记的是曾经的痛苦与悲伤，尤其是那些与自己没有直接关系的痛苦与悲伤。而最能直接唤醒记忆的是情景与触感。为了勿忘曾经的痛苦与悲伤，特别是不要忘记关系到国家、民族存亡的痛苦与悲伤，急需用情景与触感唤起心灵深处的记忆。

每个人都有自己想做的事，也有自己不想做的事，只要让他选择合他意、顺他心、他想干的事，就能发挥他的优势，可以达到事半功倍的效果；否则，如果勉强他、约束他、交给他他不想做的事，那么即使表面答应，结果肯定事倍功半。看来什么事交给什么人，不仅要看其专业特长是否对口，更要了解他愿不愿做、喜欢不喜欢做。

强扭的瓜不甜？是的！瓜熟蒂落，如果不尊重客观规律，用主观手段去“催熟”，即使瓜熟了，也会甜中带涩。老子曰：“人法地，地法天，天法道，道法自然。”人的主观意识必须服从于客观规律，一定要在遵天、敬地、顺自然的前提下，再体现主观能动性，否则，即使勉强成功，也可能“甜中带涩”。

听不懂年轻人讲什么，说明你已经老了；听不懂专业人士聊什么，说明你是外行人；听不懂圈内人议什么，说明你是局外人。客观规律无法回避，但可以努力做到与时俱进；专业技术可以不懂，但下属人事不能不管；无关的事可以不问，但政治大事不能不知。每个人有理由去回避无关的人与事，但没有理由与社会隔离。

如果理念一致、目标一致、利益一致，哪怕是相互间不认识、平时没有来往，也有可能走到一起、携手合作、共同奋斗；如果想法相悖、心怀鬼胎、各逐其利，哪怕是同窗同壕、同一单位，也不可能相互配合、并肩作战、实现共赢。事由人做主，人由心做主。人心相融，战无不胜；人心相悖，万事必败。

有些事需要商量、需要征求意见，有些事不需要商量、不需要征求意见。什么事需要商量、什么事不需要商量，什么事需要征求意见、什么事不需要征求意见，作为管理者或领导者，自己应该心中有数。很多事，就是因为心中没数，该问的不问、该听的不听，不该问的问了、不该听的听了，结果坏了大事，后悔莫及。

一句话说错了，可能导致矛盾发生；一个环节出错了，可能影响大局变化；一件小事做错了，可能影响事业成败。每天要说很多话，句句关系到和睦、名誉与形象；每天要做很多事，事事关系到收益、进步与未来。可见，话没有不要紧，事没有也不要紧，但要认真思考每句话、认真办好每件事，就可以减少后悔与后患。

做任何事，都应该量力而行，否则，很容易出事，一旦出事，后果不堪设想。很多人梦想发大财、升大官、干大事，于是，不顾一切地做投资、搞运作、往上爬，一旦事态发生变化，或过程中出现意外，下场就会很惨。量力而行，不是一句空话，而是快乐基础；量力而行，不是一句劝言，而是幸福保障。

人生最需要的是过程，最缺乏的是过程，最快乐的是过程，最痛苦的也是过程。在人生的过程中，每个人都在期待快乐、期待满足、期待收获，但是事实上，快乐、满足、收获往往与期待有距离，期望值越高，落差会越大，心里越难受。因此，需要反过来思考，努力降低期望值，缩小目标距离，让幸福快乐常驻心中。

在关键时刻，能不能办得了事、叫得动人、花得了钱，靠的不是临时发挥，而与他平时基础水平、基本人缘、基本积累相关，如果没有两把刷子、没有几个朋友、没有资金实力，很可能在关键时刻倒下。俗话说“闲时当兵急时用”，只要平时多锻炼、多思考、多积累，就不会在关键时刻手忙脚乱。

都说“良好的开端是成功的一半”，其实很难说。别看开端时人们很重视，一旦过程中碰到困难，或内部发生意见分歧、外部环境发生变化，就很可能虎头蛇尾、半途而废。有些事却是倒过来的，虽然开端不理想、困难多、不顺利，但却引起了人们的警惕，提前做好一切准备，反而使得后续工作稳步推进。

“给你一点阳光你就灿烂”，有人用这句话来讽刺、贬低人。我却有不同看法，如果真的“给你一点阳光你就灿烂”，说明你有一定能量、一定水平、一定积极性，能够大胆展现自我、推荐自我、挖掘自我，这样的人尽管表现有点过，有点叫人不舒服，但这种性格值得欣赏，这种精神值得学习。

很多事，心急吃不了热豆腐。一旦心中着急，就很可能心血来潮，很可能冲昏头脑，很容易犯错误；很多事，不能心中没数胆子大、前程没数步伐快，否则，很容易出大事。如果前进的道路看不清，请不要轻易向前行，否则很容易掉入陷阱；如果前进的目标不清楚，请不要轻易向前进，否则很容易迷失方向、以失败告终。

人与动物的根本区别是人不仅会体力劳动，而且具有思维能力，懂得思考、形成思维体系；人的优势就是善于用思维来指导实践，并从实践中总结经验，形成个性化思维体系，对事物再认识并指导实践，不断提升个人综合素质。通过体力劳动与脑力劳动，来获得财富、体现价值，这才是倡导“勤劳致富”的真正意义。

有人怀疑“勤劳致富”的说法不正确，并提出勤劳不一定致富，而靠投机、有关系的人很容易发财。我认为，这种怀疑太不应该，勤劳并不是单指依靠体力，而是指勤思考、勤劳动，也是指身体力行、知行合一。从一般人群分析，勤劳是致富的基础，尽管勤劳的人不一定全部致富，但不勤劳的人，肯定不能致富。

在你孤单的时刻，最怕经不住内心寂寞的考验；在你欢乐的时刻，最怕经不住激动失态的考验；在你失败的时刻，最怕经不住讥笑打击的考验；在你成功的时刻，最怕经不住自满虚荣的考验。如何经得住考验？一要保持清醒、内心平静；二要悟透社会、看淡人生；三要大胆拿起、勇敢放下；四要修身养性、回归本真。

有些烦恼是外界带来的或是他人带来的：也许因为亲情、友情或乡情，也许因为业务、工作与事业，也许因为职务、职责与义务，也许因为名誉、追求与信仰。在与外界或与他人交往、交流、交际的过程中，说不定会遇到一些莫名其妙的事，说不定会“躺着中枪”，说不定会被不是事的事所纠缠。

如果没有很多想法，就不会有很多烦恼；如果没有很多需求，就不会有很多烦恼；如果没有很多期待，就不会有很多烦恼；如果没有过高要求，就不会有很多烦恼。人的烦恼总是自找的，若能减少一点想法、减少一点需求、减少一点期待、减少一点要求，就会减少一点烦恼，要想减少心中烦恼，先要懂得如何放下。

每个人都有自己的习惯，习惯也有好坏之分，好习惯可能会带来好运，坏习惯却会自损。坚持说真话与喜欢说谎话，都是一种习惯，前者诚实可敬，后者虚假可恶。一个人习惯养成之后很难改变，比如说谎话的坏习惯确实很难改变，当人们明知他说谎而不想揭穿时，他还以为别人好骗，结果却是他被众人悄悄抛弃。

一个人因为说谎话被揭穿，从此失去信誉、失去威望，不管他怎么解释都无济于事。树立威信很难，失去威信很容易，即使是通过几十年努力积累的威信，失去往往就在一瞬间。因此，做人不要轻易说谎话，更不能蓄意蒙人、骗人，一旦被揭穿，就会影响一生的信誉。切记，可以不说话，但不可以说谎话。

在很多场合，听成功人士讲话总觉得很有道理，不仅给予赞赏，也会给予尊重。到底是因为成功的人讲话有道理，还是因为讲话有道理的人才会成功？都对！因为成功，才有资格介绍经验；因为成功，其教训经验才有价值。同样，善于思考、总结、研究与反省的人，也是容易成功的人。

人、性格、门道、钱等元素，看表象没有直接关系，究其本质，却存在必然关联。可以说，是什么样的人，就有什么样的性格，有什么样的门道，能赚什么样的钱，这些因素，不仅受客观环境影响，也是主观因素导致的。当下看到的某些表现与结果，都是一个人多年来历练的沉淀。因此，很多事需要透过现象看本质。

懂与不懂是相对的，因为世界上没有一个人全懂，也没有一个人全不懂，只能说有人多懂一点、有人少懂一点，或者说有人懂得深一点、有人懂得浅一点，有人早懂、有人迟懂而已。由于懂与不懂是相对的，请已懂的人、多懂的人、先懂的人，不要骄傲自满，不要自以为是，否则，会被后起之秀所淘汰。

一般来看，思维方式有究根思维（唯物）、发散思维（联系）、线性思维（发展）、辩证思维（对立统一）等。在实践中，还有逆变思维、倒反思维、拐弯思维、立体思维、动态思维、惯性思维等等。遇到不同人、不同事，既可以用常规的思维方式去应对，也可以自己创造新的思维方式去应对，只要应对成功，就是最好的思维方式。

历史上很多人、很多事并无是非对错，所有是非对错都是后人附加的定论，所有定论都是胜利者、成功者编写的。要想证明自己，要想给历史留下美名，只有努力成为胜利者、成功者。在茫茫人海之中，没有多少人去关注他人的是非对错，只是凭着有限的信息或新闻爆料，为成功者、胜利者赞美，为失败者惋惜。

不同的人在不同阶段，有不同的思考，持有不同的价值观，设定不同的人生目标；由于人的要素不同，所处环境不同，各自选择的生财之道、发展之路也不相同。因此，人与人不需比较，也不需他人的认同与反对，只要敢作敢为、承担风险、能为自己的行为负全责，就可以大胆向前走。

肚量决定心态，心态决定心情，心情决定效率，效率决定成败。要想成就大事，首先要有气量，俗话说“宰相肚里能撑船”，肚量大方能成就大事。反之，如果为一点点不利或吃亏的事表露出不满的心态，带来不愉快的心情，自然影响到工作效率，久而久之，会阻碍事业发展。因此，要想有所成就，必须放宽肚量。

一个人如果因为胡作非为造成后患，那是咎由自取，应该为自己的行为负全责；犯了错误受到惩罚的人，应该要作出深刻反省，只有这样，才有重新做人的机会；如果死到临头还不深刻检讨，那么后果不堪设想。人生难免犯错误，犯错误并不要紧，要紧的是务必及时纠错，如果不及时省悟，将会陷入深渊。

创业篇

创业，先要有业可创、有业能创，而不能凭空想象；创业，要从实际出发、从能力出发，而不能异想天开。创新，要了解事物根本、基于本质研究，而不能无中生有；创新，要有专业基础、有科学依据，而不能凭空幻想。创业与创新，不是游戏，不是儿戏，而是人生命运转折点。

创业路上，不知有多少人倒下、多少人退场、多少人成为垫背，真正走向成功的人并不多，特别是能够成为典范人物的实属凤毛麟角。但是，很多创业者只看到他人的成功与荣耀，于是不顾深浅地向下跳，不顾一切地向前冲，结果输得很悲惨。创业路上处处坑坑洼洼，千万不要掉以轻心。

饭要一口一口吃，路要一步一步走，很多事需要过程与沉淀，既不能急着选择，又不可急于求成，一旦选择错误，就会使事变成累赘、业变成鸡肋；前行路上，不可粗心大意，要小心谨慎，避免意外发生，万一发现走错了路、择错了事、创错了业，也要冷静面对、及时反省、努力修正。

很多人在创业创新过程中，自以为掌握了专业知识、了解了市场行情、摸清了业内门道，自以为真的知道、顺道、得道了，于是勇于创业、大胆创新。然而真正成功的人并不多见。有的人即使偶然成功，可惜又倒在了转型升级的路上。这些人最终失败了，证明其并没有真正知道、顺道与得道。可见，得道难上加难。

创业需要想象力，没有想象力的创业，缺乏信心与潜能。但仅凭想象力是没用的，想象力太丰富了，可能会变成空想与幻想；如果误将空想当现实、幻想当指南，就会将创业引入死胡同。创业犹如吃饭，想象力犹如饥饿感，饥饿感越强，想吃饭的欲望越强，但如果过度饥饿，就可能饿死。

晚上给想创业的大学生上课，用“五问法”开场，引导大家“三看”：一看国内外形势与未来走势，应用 PEST 分析；二看市场、行业现状与走势，应用 SWOT 分析；三看自己，全面自我剖析，明确目标、制订计划、完善提升，应用 PDCA 分析。要求“三看”都能看懂、看透之后，再下决心创业，千万不可盲目行事，以免后悔莫及。

很多大学生对创业创新的话题颇有兴趣，他们带有满腔热血，积极参与或投身到创业创新的热潮之中。可以看到，他们有丰富的想象力与活力，很容易成为创业创新的弄潮儿。但是，他们可能缺少经济基础、经验与坚强的意志，很容易因为实际情况与想象力之间的差距，而导致梦想难以成真，建议他们将想象力与实际相结合。

在传统与创新碰撞的时代里，风险与机遇同在。谁守旧、谁固化、谁死板，谁就会被淘汰；谁蛮干、谁胡来、谁瞎搞，谁就会出问题。人们为了生存与发展，就在创新与谨慎之间走钢丝，一旦不小心，就会跌落万丈深渊。“小心驶得万里船”，在前行中既要小心谨慎，又要敢乘风破浪。

每个年代都有盲从者，如果盲目跟从团队，尽管成功概率很低，也偶有因团队发达而发达的；如果是盲目孤闯者，几乎不可能成功。创业时代同样如此，有的盲目跟队，有的盲目孤闯，如果团队跟对了，也许有前途；如果靠自己盲闯，下场很悲惨。敬劝下决心创业的人们，在未学懂、未弄通、未悟明之前，不要轻言创业。

年轻的创业者要想掘取第一桶金，最好的办法是成为有一定知名度、美誉度的大平台、大企业、大品牌的加盟者、代理商或营销团队成员，借助大平台、大企业、大品牌的力量，开辟自己的创业之路。只要你不怕辛劳、不顾“面子”、不断思索、不懈努力，肯定能获得成功。借光可以行走夜路，借力可以助推事业。

员工到底为什么卖力？员工心中有数，老板心中也有数。凡是员工认为值得的，肯定会努力，如果员工认为没必要，自然会偷懒。值得员工自愿卖力的源泉是什么？答案并不一致。不同层次、不同条件、不同素质的员工，有不同需求与期望。老板应该明白这个道理，只有努力满足员工需求，方能挖掘员工内在潜力。

事业成功是“有效时间”的沉淀，何为“有效时间”？是人们为了实现某个目标、获得某个成果所花费的时间；是人们为了成长、成功而努力拼搏、艰苦奋斗的时间；是人们跌倒、起来、省悟，再跌倒、再起来、再省悟的时间。人生时间有限，只有将有限时间转换成“有效时间”，事业才会成功。

在什么时间干什么事，与他的职业、专业、事业相关。如果属于上班族，必须乖乖按规定作息；如果想干番事业，必须放弃休闲时间；如果想一边过自由生活，一边在单位上班，那就是个混混；如果想一边创业或干事业，一边追求稳定生活，那是不可能的。建议：想过什么样的生活，就要选择与其对应的职业或事业。

在什么时间段干什么事应该有规定，比如吃饭时间、上班时间、休息时间、休闲时间等。能否按时间规则做事，能否主动调配时间，与他的职业、意识、事业相关。如果按规定时间做事，应该属于上班族或重养生、讲规矩的人；如果是不尊重时间规则，而按事业或性格来的人，大多是创业者、为事业奔波者或自由职业者。

在同一时间内，将同一件事交给不同专业的人去办，成果不同；在同一时间内，让同一个人去做不同专业的事，效果不同。究其原因：一是专业的人做专业的事，效果相对会好；二是跨专业做事，效果难保证；三是在不同心态、不同环境下做事，效果不同。让专业的人保持良好心态去做事，是取得成效的关键。

看事、看人、看发展，分微观、中观与宏观，不同的维度、角色、思考和境界，有着不同的认识、观点与思维。一般人只会从自身利益出发，根据自己的特长与爱好，思考与自己相关的事，而很少换位思考他人的需求。谁能全面、发展、辩证地思考问题，谁就是合格的领导者。

员工为什么必须珍惜本职岗位？一是作为岗位主人，必须对本岗位负责，爱岗就是爱自己；二是设立工作岗位，肯定有相应的工作任务，完成才有相应的报酬；三是借助单位这个平台，锻炼自己成长，奠实人生基础；四是英雄有用武之地，要想体现人生价值，必须积极奉献；五是做好本职工作，争得名望荣誉，赢得他人尊重。

不同的员工，有不同的追求；不同的追求，有不同的结果。混日子的员工，可能就浑浑噩噩过一生；对薪酬斤斤计较的员工，只能为薪酬等值卖力；渴望固定职业的员工，可能就平平淡淡过一生；志在成就事业的员工，肯定会坚持不懈奋斗；想要实现人生价值的员工，必然自愿不断奉献。人的追求，决定人的思维；人的目标，决定人的行为。

创业不易，千万不要听废话、空话、套话，要从自己的实际、专业、爱好、人脉、实力和能力出发，走自己的创业之路，从追求回本开始，逐步追求盈利和发展。不管已经赚了多少钱，不管成功或成名，必须牢记“不忘初心，方得始终”。人生在于过程，成功与失败只是过程中的符号，不可因成功而飘飘然。

要想实现事业目标，既要坚持不懈努力，又要注意劳逸结合，不懈努力才能保证与时俱进，劳逸结合才能保证健康活力。为了实现事业目标，先要保证身体、精神健康，再要量力而行、努力奋斗。没有身体保证，一切成为泡影；没有不懈努力，一生白白虚度。注重平衡，取舍得当，才能拥有美好的人生。

股权激励形式多样，如分红股、虚拟股、期股、实股、期权等，企业在创办、成长、成熟的过程中，针对不同阶段、不同状况和不同需求，可以使用不同的股权激励形式。股权激励不能搞平均分配、不能分亲疏远近，要针对公司运营需要与公司发展战略，根据人才的功绩、能力、专长、作用和忠诚度而定。

股权激励是把“双刃剑”，设计好、执行好、分配好，会起到真正的激励作用，有利于企业正常运营与发展；如果被认为“不公、不均、不满足、不规范”，可能起到反作用，甚至给企业带来危机。股权激励不同于奖励，一般来讲，奖励是对曾经作出贡献的人表示感谢，而激励是寄希望于更多人才为企业未来发展作出贡献。

企业要想做长、做强、做大，单靠自身力量远远不够，单靠绩效薪酬也不能满足，最好的办法是将考核奖励与股权激励相结合。但股权激励的方式很复杂，不是给点股权就行，而要科学合理设计，必须明确激励对象、激励方式和激励目标，要从实际出发，根据不同阶段设计不同的激励方式，确保股权激励有效、有利、有成果。

看到别人发财的时候，难免有创业的冲动；看到别人创业失败的时刻，难免胆怯。不论是冲动还是胆怯，都是偶发的感性的表现。如果想靠创业致富，必须做好创业定位，必须坚持走创业之路，必须克服困难、不懈努力，只有这样，才有可能成功；如果遇到困难就胆怯，劝你放弃创业梦想，乖乖过好安稳生活。

想将概念性方案落地，是一件很难的事。原因有四：一是方案不一定得到市场认可，二是团队理念不一定一致，三是客户需求不一定能满足，四是方案与客观事实有距离。如何将概念变成现实？先要从客观事实出发，量力而为；其次要提前做好调查研究，多听听团队成员或客户的意见；再次要做好多方沟通协调，宣传先行。

提出新的理念，是水平高的表现；将理念落到实处，是能力强的体现。提理念，不能靠讲空话，理念不仅靠理论基础，更应具有可行性；抓落实，不能指手画脚，实干不仅靠指导与引导，更要以身作则。“没有实践的理论是空洞理论，没有理论的实践是盲目实践”，只有理论结合实际，才有可能成功。

很早之前，有个小庙只有一个和尚，他去化缘之前，告诉一位“居士”，说自己要出远门，让该“居士”守门，想不到该“居士”是个贼，等到和尚出门，便将庙里所有值钱的东西搬了个精光。这个故事被后人编为一句俗话，叫“和尚跟贼讲”。听起来这是一个故事，但在现实的生意场中，经常出现“和尚跟贼讲”的事。

同一企业团队中，有人向前看，有人向后看，有人向上看，有人向下看，这是统一部署、各负其责、分工合作的需要，有利于企业运营与发展；如果因思路、任务、目标和方向不统一，导致成员各自为政、各有目标、各怀心计，那么这样的企业肯定是外缺形象、内不团结、团队松散，长此以往，后果不堪设想。

当企业在运营与发展过程中碰到困难的时候，有人将责任推给“缺钱、缺人”。这是一个既真实又可笑的难题，说真实是因为这是每个企业都会碰到的难题，说可笑是因为如果都给钱、给人了，还需要你做什么？其实，不管做什么事，都会遇到缺钱、缺人的难题，面对同样的难题，缺的不是钱与人，而是思路、信心、能力与担当。

从表面看，做生意与做事业一样，为了生存与发展，都会考虑赢利，但生意与事业两者之间天差地别。做生意者或许唯利而图，为了自身利益，很可能不择手段；而做事业的人，为了体现人生价值，努力用最小的资源，生产出最优质的产品，满足最广大群众的需求，旨在实现共享共赢的目标。

生意是生意，事业是事业。做生意赚的是眼前的钱，可以投机取巧，可以斤斤计较、精打细算，可以做一笔算一笔，能赚多少算多少；做事业要站得高、看得远、想得开，不能与生意人计较，该大度就大度、该礼让就礼让，不能因小利而失大义，不能因生意而影响事业。明白这些道理，才有光明前途。

企业如何给忠于职守的员工良好的成长空间和进步机会？一要倡导人格平等，尊重员工人格与权利；二要确保员工岗职匹配，充分发挥员工爱好特长；三要完善用才制度，健全激励机制，挖掘员工潜力；四要创造良好人文环境，打造积极的企业文化，提高员工综合素质；五要打造创新创业的共创空间，实现共享共赢目标。

都说将企业做强做大，做强都能理解，为何非要做大，值得思考。如果从规模效应来看，做大有好处；如果经营模式、管理方式可拷贝，有必要做大。但是，如果企业基础不扎实、管理不到位、模式不标准、目标不明确、战略不统一、战术难协调，那么做得越大，会死得更快。企业是否必须做大，应该从实际出发考虑。

文化篇

任何被共同认可的表象，背后肯定有支撑表象的文化，文化沉淀越深厚，表象越突出，越容易被大众所认可、传播。因此，当人们遇到不了解、不认可的表象时，不要轻易忽视，更不要随意否定，最好一笑了之，因为你根本不知道表象下面隐藏着怎样的真相，也许是美好的，也许是丑陋的。越有文化和见识的人，对人对事越不会轻易下结论。

学生问："为何要塑佛？"大师曰："自从佛经传入我国之后，佛的精神、智慧、觉悟、慈悲，已经融入世世代代信众的心灵之中，佛成了信众的精神依靠、信仰依赖。历代信众祈望将精神寄托化作精神力量，便建佛殿塑佛、塑菩萨，供信众敬拜。"佛是真善美的化身，佛不是烧香就灵、给钱就赐福的。

大师曰："拜佛就是拜自己，要从佛、法、僧住世三宝说起。三宝要求：佛者自性之觉，法者自性之正，僧者自性之净。六祖坛经曰：'佛者，觉也。法者，正也。僧者，净也。'觉、正、净，是佛学中自性三宝。希望僧尼及信众觉而不迷、正而不邪、净而不染。拜自己，就是按照佛学要求，达到觉、正、净境界。"

艺术是文化的表现形式，可以塑造华丽与高雅，也可以表现低俗与龌龊；可以塑造积极向上的价值观，也可以表演消极庸俗的人生观。不同的艺术表现形式，对社会、对民族、对国家会带来不同的文化导向，可以引导社会进步，也可能导致社会倒退。可见，艺术塑造与表演是推动社会进步、维护社会安定的要素。

《孟母三迁》讲的是孟母为了给孟子选择一个良好的成长环境而多次搬家的故事。一般看来，良好的人文环境，对孩子的健康成长能起关键作用。俗话说："近墨者黑，近朱者赤。"小时候跟随什么样的人生活或学习，与什么样的小伙伴打交道，就会给小小心灵留下难以抹去的烙印，所有烙印都会给其成长与发展带来影响。

"百川汇流于海，殊途同归于道。"不论是山川河流，还是小溪大江，都会紧紧贴着大地、随着地势，自西向东、自高向低，流向大海，回归海洋怀抱；不论是哪个行业，还是哪宗哪派，在把握规律、遵守规矩、制定规则时，都会以"道"为万宗之源、万物之根，做到尊天道、顺地道、重人道，唯道相融，天下大同。

一般来讲，艺术表演需要道具，道具也许是物也许是人，也许是明的也许是暗的，目的是为了让表演更精彩、让艺术更高超。管理艺术、领导艺术同样如此，也需要有人表演、有人配合、有人参与，特别是需要一批追随者。与道具的默契与融合程度，直接关系到艺术表演的成效，因此，不能忽视道具的价值。

艺术表演在于精雕细琢，艺术精神在于一丝不苟，但是，有些"艺术"并不在于展现才艺与技能，而是注重全过程的功能与效果，特别在关键时刻，会用特效的方法与手段进行点缀，达到画龙点睛、卒章显志的效果。艺术家靠表演力去吸引观众，获得社会认可；而某些"艺术家"重在意志体现，靠权威获得观众支持。

艺术本来是指才艺与技术相融合的境界。但是，当代某些“艺术”已经超出了才艺与技术的范畴，超出了行业与职业范畴，并在无限复制、扩大与延伸。可以说，各行各业、各个领域，都有“艺术”天才，他们不论在舞台还是在商界，不论工作还是搞活动，不论做事还是交流，都能达到以假乱真的“艺术”水平。

有专家认为：实学启蒙与墨家相关。墨子的教育思想是“艰苦实践、服从纪律”；墨家从实际出发，研究并擅长技、器、工、艺，重视守而不攻、对抗强霸、保护弱者，达到“兴天下之利，除天下之害”的教育目的。墨家也崇尚儒家、遵循道家、反对战争，主张兼爱、和平、以理服人。墨家之道，正是实学研究之道。

“人法地，地法天，天法道，道法自然”，老子警告世人：务必效法天地、遵循大道、尊敬自然、融入自然。只有做到与天地道相合、相契、相融，才能保障生存、保证生活与追求发展；如果肆意与天地相冲、与大道相违、与自然相克，就会导致天怨地恨、灾难连连。

有专家认为，实学启蒙于道家，倡导“天人合一”。天即道，即真理与法则，人性要与天性相合，回归大道，归根复命。“天人合一”不仅是一种思想，也是一种状态、一种境界。“天人合一”是指万物源于一、归于一，一是万物之始，又是万物之终。“一生二，二生三，三生万物”“九九归一”，其实就是这个道理。

实学，听起来很新颖，很多人并不了解。据说其源于宋朝，兴于明清，相对理学、心学而立。什么叫实学？众说纷纭，有实事求是之说，有经世致用之说，有实心实用之说。大概是指从实际出发、从物本出发，研究万物本源，讲究天人合一，遵循自然规律，顺势而为，顺道而为。实学的本质在于实，拒绝玄虚与空谈。

文化需要沉淀，关系需要沉淀，质量需要时间证明，成败需要时间证明。时间能证明文化良莠、情感真假、质量优劣、人生成败。急于求成，大多事倍功半；大浪淘沙，但愿平安渡过。很多事，不要着急，不要轻易下结论，时间能证明一切。时间对每个人都是公平的，让人产生差距的是对时间的利用方式。

立德、立功、立言可谓“三不朽”。《左传·襄公二十四年》：“太上有立德，其次有立功，其次有立言，虽久不废，此之谓不朽。”“立德，谓创制垂法，博施济众；立功，谓拯厄除难，功济于时；立言，谓言得其要，理足可传。”人生短暂，若想流芳百世，唯有靠“三不朽”。

文化不能代表文明，但文明需要文化基础；有文化的人，不代表行为文明，有些文化人很野蛮。知识不能代表真理，但真理需要知识支撑；有了知识，不能代表拥有真理，有些知识分子满口谬论。知名度不能代表美誉度，但美誉度需要知名度铺垫；有些知名人士，其名气并不好听。因此，对人对事要全面辩证分析。

《道德经》第六十三章："天下难事必作于易，天下大事必作于细。"可以译解为：要想成大器，必须从容易的事做起，从细小的事做起。做好容易的事，才有能力解决难事；做好细小的事，才有可能成就大事。要想成大业，必须注重细节、增强信心、克服困难，将难事当成容易的事来做，将大事当成细小的事来做。

学问并不单指能学能问，也指能学能被问。如果是一位专家，必须认真接受他人咨询或提问，必须经得起他人咨询或提问；当然，任何专家的学问都是有限的，尽管知识渊博，也有不懂、不专的地方。面对一些不懂或无关的问题，能否提供一种既不失体面，又能让人找到答案的途径，也能证明专家的水平。

什么叫学问？简单来讲，就是一边学习一边问，通过学习丰富知识，通过问来求证观点，问也是习的一种方式，不习不问，学也难成。历史上很多大师，就是通过不断地学与问获得成就的。比如哲学鼻祖苏格拉底，他的方式就是一边学习一边研究一边求问，来求证自己的观点，最终成为哲学第一人。

时间与生命既成正比，又成反比。能够遵守时间规律，充分利用时间，珍惜生命，尽量发挥潜能，注重劳逸结合，就能使时间与生命相辅相成；如果过分浪费时间，没有让生命发挥作用，或者过分利用时间，过分透支生命，就会导致时间与生命相背驰。享受时光，珍惜时光，并充分利用好时光。

时间对于生命来说，是客观存在的，不管有没有生命，时间都存在；时间对于人类来说，是公正公平的，不管身份地位，时间均等分配。生命对于时间来说，一方面表现在尊重时间规律，有效、有节地服从时间、享受时间；另一方面表现在与时间对抗，浪费时间、折腾时间。

“五福临门”是指“长寿、富贵、安康、好德、善终”，内容非常丰富，涵盖范围很广，不仅是良好祝愿，也是一种要求与期望；不仅是对个人的祝愿，也是对家庭与社会的祝愿。人生真的不容易，但愿每个人都能实现“五福临门”。“德不配位，必有定殃”，每个人的幸福，都源于自己行的善、积的德。所以五福临门，也是德善盈门。

百年人生，弹指挥间；成败是非，刻录碑文；安石垂史，淝水永在；灵运成仙，山水流长；祭拜吾祖，天邦定理；代代传承，学世公卿；刻苦历练，修为人杰；卫国保民，令人钦佩；慈心傲骨，独俏悬崖；身为公仆，理当奉献；克己复礼，广积阴德；毋鸣善修，必有大成；立功为国，立德泽后；立言流芳，英名永铸。

“易经”两字可这样解释：易指容易，也指变化；经指主线，也指捷径。《易经》就是告诉人们用最简单的方式去研究变化，用最主要的脉络、最快捷的途径来掌握研究方法。《易经》是阐述世间万象变化的古老经典，是博大精深的辩证法哲学书。几千年来文化的精髓融入中华民族的血液中，深刻影响着中华文明和思想。

哲学需要文学语言来表达，但哲学不是文学，不能用阅读文学的方法去探究哲学；文学中也许包含着哲学原理，但文学不能取代哲学；哲学表达的是与非、真与假，有更深层次乃至探究事物本质的意思，如果用玩文字游戏的眼光去看哲学，永远不会知道哲学真谛是什么。

天地有常，人间无常，日月常在，人间轮换；有常为道，无常是变，常道亦变，常变亦道；道变为顺，变道为逆，顺道为常，逆道无常；无常是常，无常非常，常与无常，孰顺孰逆；平安为常，病邪无常，守道求安，逆道得灾；知常守道，可减无常，逆道而为，引招无常；天地无常，人间无奈，宇宙守常，世界安泰。

读书靠心，工作靠心，待人靠心，上进靠心，人如果缺了心，肯定一事无成。心是克服困难、不懈努力、坚持奋斗的根本动力，有心在一切皆有可能，缺了心万事皆空。只要诚心在，就能赢得友情、支持与响应；只要恒心在，就不会改变志向、追求和目标。守住吾心，事业必成。

“无欲速，无见小利。欲速则不达，见小利则大事不成。”白话大意：不要求快，不要贪求小利，求快反而达不到目的，贪求小利就做不成大事。孔子告诫世人：做事不要为快而加速，不要死盯蝇头小利。如果只是为了图快，结果反而达不到目的；如果只是为了眼前小利，结果肯定是办不了大事、成不了大器。

“智者乐水，仁者乐山；智者动，仁者静；智者乐，仁者寿。”孔子认为：知识渊博并善于探索的人属智者，他们通情达理、思维敏捷、性情如水，平淡而活跃；仁慈厚道并稳重坦然的人属仁者，他们性情安然、平和真诚，稳静而厚重。智者与仁者都有追求、理想与向往，智者因为智慧而快乐，仁者因为仁慈而长寿。

“君子坦荡荡，小人长戚戚。”孔子认为：君子心胸开朗豁达，思想坦率洁净，神态与动作显得十分舒畅、坦然与安定；而小人由于其心里欲念太多、心理负担过重，总显得焦虑、烦恼与担忧，总是忐忑不安、坐立不定与心神不宁。孔子希望世人做堂堂正正的君子，而不要做鬼头鬼脑的小人。

“学而不思则罔，思而不学则殆。”孔子告诫人们：如果一味读书而不思考，就不能深刻理解知识的真谛，不能将书本知识应用于实践中，容易陷入迷茫；如果一味狂思乱想而不努力学习与钻研，缺少理论知识与专业知识的支撑，肯定会空想瞎干、一败涂地。故此，我等理当学中思、思中学，学中习、习中悟。

2017 ~ 2019

团 队 篇

什么叫团队？同在一个组织，为了同一目标，接受统一任务，遵守组织纪律，承担各自职责，互相支持配合，彼此默契相融，情愿奉献自我、牺牲自己的那群人。换言之，坐同一辆车、去同一个地方、各自办同一件事的那一群人，不一定叫团队；或者在同一个组织，各有自我目标与打算的那群人，也不一定叫团队。

团队先是一个组织，包括正式组织与非正式组织、长期组织与临时组织。团队应有核心人物，可称为领导，领导应具有影响力、号召力和人格魅力；团队应有明确的任务目标与发展战略，队员之间应分工协作、互相配合，队员应具备良好的综合素质，做到服从领导、听从指挥、步调一致，确保召之即来，来之能战，战之必胜。

同一个团队的成员，如果眼界、心界、境界不在同一层面，那么相互之间交流、对接、商讨肯定很难。如何改变现状？应该从统一行为、统一理念、统一标准着手，要以培训、教育、沟通、协调为手段，将战略、理念、标准融入指标、岗职、考核之中，打造素质过硬、步调一致、信念统一的团队。

任何组织（包括经济组织）的成立、壮大与成功，靠的都是核心层的人格魅力、紧密层的中坚凝聚、半紧密层的骨干力量和松散层的无悔追随。大家为了一个共同目标、朝着一个方向、听从核心指引、相互通力协作，铸成一个越来越稳固、团结紧张、严肃活泼的组织，打造一个越来越强大、来之能战、战之能胜的团队。

自信不一定有前途，不自信肯定没前途，为了美好前途，必须自信，也许自信会赢得前途；自信不一定有希望，不自信肯定没希望，为了未来希望，必须自信，也许自信能带来希望。做人，不管有无前途与希望，只要自信，就会学习有动力、生活有乐趣、工作有后劲；只要自信，就会精神饱满、充满信心、倍感幸福。

任何一个人的精力、时间、能力都是有限的，如果靠单枪匹马去应付诸多复杂繁琐的事，肯定会力不从心、顾此失彼、疏漏不断。忙不过来、透不过气的时候，应当自我反思：为什么被琐事缠得焦头烂额？为什么因遗留问题而苦恼不堪？要想成就一番事业，不仅要靠自身聪明才智，更要靠团队和集体的智慧与力量。

行走在同一条道上的人，即使方向相同，也不一定目标相同，即使目标一致，也不一定理念相同，即使理念相似，也不一定信仰相同。不少组织同样如此，看表面是同道之人，但实际上各有目标、各有追求；看表面团结和气，但其内部各打算盘、钩心斗角。要想打造思想统一、目标一致、步调一致的团队，实在不容易。

每当某条道路走不通的时候，可以另辟蹊径；每当某种想法行不通的时候，可以换一种思维；每当某个团队干不了的时候，可以换个班子。不论遇到什么样的难题，总要换个角度思考、换些办法解决、换条途径前进，绝不能吊在一棵树上等死。人不能改天换地，但可以改变自己。

简单变复杂，大多是人为的。不懂得专业、不认真工作、不虚心学习、不调查研究、不客观面对、不综合分析、不善于交流、不重视团队、不控制风险，都会导致简单事情复杂化；另外，一个单位或团队中，如果有人阳奉阴违、挑拨离间、吃里爬外、自作主张、回避矛盾、推脱责任，同样会导致简单事情复杂化。

员工对企业文化的认同，是企业文化提炼、确定、形成、推行、传播、践行的基础与前提；如果员工的理念、目标、行为与企业文化相悖，那么企业文化会变成印在纸上、贴在墙上、讲在嘴上的空话。同样，企业为了生存与发展，必须招到同心、同志、同道的员工，只有这样，才能打造出来之能战、战之能胜的团队。

企业文化伴着企业创办而产生，伴随企业成长而提炼，随着企业发展而形成。在企业文化提炼、确定、形成的过程中，对内要求全员认真学习、加强培训、提高素质，确保历练一支富有凝聚力、战斗力的坚强团队；对外要求企业注重形象、打造品牌、重视名誉，努力打造一个具有竞争力、影响力的行业龙头企业。

“物以类聚，人以群分”？不一定！同类物品相聚，不如将相关物品在一定的条件下进行凝聚与融合，比如混凝土、合金等。人也一样，能量相似、性格相近的人聚合在一起，可能容易内斗或死气一团，只有强与弱、刚与柔、主与辅相聚，才会构成理想的团队。求同存异，美美与共，可能会碰撞出意想不到的火花。

要想成就一件大事，不仅需要制定战略、把准方向、明确目标，而且需要制度保障、责任到岗、执行到位；不仅需要步调一致、分工协作、有效控制，而且需要明白意图、理解内涵、发挥潜能；不仅要预防盲目执行、自作主张、各自为政，而且要确保上下同欲、齐心协力、团结奋进。要想成就大事，先要缔造强劲的团队。

沟通是一种管理职能与手段，通过有效的沟通，可以了解员工想法、调和内部关系、增进同事友情；沟通过程中，要注意对象、方法与目的，针对不同对象，要用不同方法，达到不同目的；目的明确、方法得当，有利于思想统一、步调一致；“磨刀不误砍柴工”，加强团队内部沟通，可以增强团队凝聚力与战斗力。

同样一件事，交给不同的人去完成，其效果、效率、效益可能都不一样，究其原因有五：一是能力水平不一样，二是专业特长不一样，三是人脉资源不一样，四是脾气性格不一样，五是主观能动性不一样。如果将专业的事交给专业的人去干，如果有相匹配的规章制度、激励机制与考核指标，就会提高效果、效率与效益。

如何利用“有效时间”及提升时间效率？关键是加强“有效时间”管理。一方面要对自己学习、工作、生活的时间，进行科学安排、高效利用，既要做到劳逸结合，又要达到最佳效果；另一方面要通过岗、职、责、权、利、效与指标考核、时间管理相结合的方式，让团队的每位成员自觉利用“有效时间”、提高时间效率。

人与人是对等的，你容得了别人，别人才容得了你，你对别人有多少真心，别人对你就有多少善意；人与团队也是对等的，你主动融入团队，团队才会主动接纳你，你对团队有多少作用，团队就会给你多高地位。不要埋怨别人对你不好，只能埋怨自己未做好；不要埋怨团队对你不重视，只能埋怨自己没有发挥作用。

从正面看，一个人有什么样的胸怀，关系到他可以搭什么样的平台、建什么样的团队、干什么样的事业，个人的胸怀与企业平台、事业团队，应该是相关、相连、相扣的，如果没有大的胸怀，就不可能拥有大的平台、团队和事业。反过来推理，现在拥有大企业、大事业的人，应该具有博大胸怀，否则，他们迟早会出大事。

团队内部，不谈理念不行，如果没有统一的理念，就没有统一的目标，如果没有统一目标，就不可能有统一行动；只谈理念也不行，如果整天研究理念，而忽视付诸实际行动，最后必会空谈误事。理念为实现战略目标而生，目标应该从自身实际出发，因此，为了统一团队理念，我们先要结合自身实际来制定战略目标。

老板要想发展，必须打造有纪律、有制度、有规则、有目标、有岗职、有考核、有战斗力、有凝聚力的团队。团队不仅需要人才，更需要忠诚，只讲忠诚而无能的人干不了事，只有能力而不忠诚的人肯定败事。打造团队是为了实现战略目标，如果将任务目标寄托于不忠诚的人，最终要么败事，要么成果被窃。

忠于职守是指忠诚地对待自己的职业岗位，尽力地遵守自己的职业本分，说白了，就是对职业忠诚。不论从事什么职业，不论有多大职位，只要忠于自己的职业、坚守自己的本分，坚持做到勤勤恳恳、认认真真、踏踏实实，肯定会取得成绩、不断进步、走向成功。职业忠诚，是对自己选择的肯定，是对自己未来的信心。

不论为谁打工，都要端正态度，既然来打工了，必须好好思考、认真学习、积极做事，必须承担该承担的责任、完成该完成的任务。如果觉得岗位不配、薪酬不足、任务太重，可以提出来商量；如果觉得大材小用、心有委屈，也可以提出来商量；如果有合理建议、不同意见，都可以提出来商量。总之绝不能混日子。

2017～2019

方法篇

过去的成功之道，当下也许变成绝路；过去的偏门冷门，当下也许变成热门红门；过去靠有形市场，当下却靠网络经济；过去靠冒牌杂牌，当下走品牌战略；过去追求利润最大化，当下讲究互惠共赢。总之，“道”在变化之中，随着经济发展、社会进步与环境改善，只有随道而变、随道顺行，方可取胜、求进、发展。

很多人、事、物的表象，并不是真正的本质反映，而是因为存在的需要、展示的需要、社交的需要、生产的需要和发展的需要。如何真正了解人、事、物的本质？建议透过现象或表象，用全面、动态、辩证、发展的眼光，通过多维度的观察与研究，进行综合分析与论证，掌握客观规律与规则，彻底弄清其本质。

怎样才能减少担心？一是规范操作、合法经营、监管到位、服务到家；二是规范做事、规矩做人、缜密思考、远避是非；三是客观评定、剖析利弊、把握资源、做好防范；四是遇事不惊、有序解决、打开胸襟、坦然面对；五是修炼自我、提升能力、做好当下、减少后患；六是广结人缘、稳固人脉、避免出事、万事化了。

不论是走路还是开车，先要明确去哪里、办什么事，然后要选择线路，确定怎么走，再看路况是否安全、便捷，基本做到心中有数了，方可动身出门，否则会变成无头苍蝇。办企业也一样，先要明确目标（选哪行），然后确定方向（往哪走），再制定战略（怎么定），接下去开始实施（怎么做），否则肯定失败。

人需要激情，也需要平静，更需要处理好激情与平静的关系。激情与平静是一对矛盾，一阴一阳，如果两者失调，就会带来问题，因此，要尽量做到既不过于激情，又不过于淡漠。当然，人是情感动物，需要激情之时，敢于表现，需要平淡之时，理当抑制。总之，努力用自身素质与能量，调适在不同环境下的心境。

思考多一点、锻炼多一点、活动多一点、学习多一点、认真多一点、付出多一点、努力多一点、忍让多一点、吃苦多一点……只要坚持不懈、日积月累，就会收获多一点、损失少一点，成绩多一点、疏忽少一点，进步多一点、倒退少一点，和睦多一点、矛盾少一点，快乐多一点、烦恼少一点，平安多一点、后患少一点。

很多场面上，“不说没意思，多说啥意思？少说几句意思意思”。听起来有道理，但是，很多人把握不住，话匣子一打开容易口无遮拦，一旦激动就会说过头，一说过头就后悔。其实，人是有个性的，说与不说、多说少说，应该按个性来，不要刻意，也不能勉强；人是有观点的，该表达的要表达，想表达的必须表达。

干任何事，最怕的是“认真”两字，最有效的也是“认真”两字，真的“认真”起来，就能出效率、出效益、出效果。可见，要想完成任务，必须认真对待工作；要想成就大事，必须坚持不懈努力、保持认真态度。当然，“认真”是主观的表现形式，任何主观形式都是有度的，都要在客观条件允许之下，才能充分体现。

会演讲、能演讲、善演讲，是水平与艺术的表现；怎么讲、在哪讲、跟谁讲，是知识与聪明的表现；为何讲、有何用、成何事，是智慧与心机的表现。但是，如果随便讲、闭眼讲、胡乱讲，那是无知与欠思考的表现；如果选错地、找错人、讲错话，会给自己埋下祸根。演讲是门艺术，更是哲学。

看事物可分三个层次，一是用眼睛看，二是用直觉看，三是用心看。用眼睛看，只能凭着视力与满足视力的环境，看到事物的表象；用直觉看，能在看到事物表象的同时，还凭自己的经验与推理，进一步认识事物本质；如果用心看，就能全面剖析、认真研究，彻底看清事物的起因、过程与未来。

要想完成与自己相关的项目，应该给未来做多个不同结果的预测，并拿出相应的对策。即：成功该当如何？不成功该当如何？不论是什么结果，应该有准备、有预案、有措施。千万不要为成功失态、为失败悲伤、为不懈努力发难。做最大的努力，做最坏的打算。人算不如天算，有备方能无患。

每一次社交活动，都是一次机会，只要好好把握，就可能交到值得交往的人，得到需要得到的资源，办妥需要办理的事；如果不把社交当回事，或是随便应付，或是不愿融入，那么任何活动都是过眼云烟，都会烟飞云散。当然，确有一些社交浪费时间，一般交往也不会有很大作用，关键看如何选择，如何把握。

上舞台唱不好是水平问题，在平台干不好是能力问题；上舞台跳错舞是功底不实，在平台干错事是行为不合。平台与舞台一样，给你机会要珍惜，没有机会不勉强；登台时要好好表现，下台后不恨人怨己。舞台、平台只是展现人生价值的道具，关键在于如何把握。台上台下都体验过，人生更幸福。

没有出门，不知天下到底有多大；没有比较，不知他人实力有多强；没有学习，不知人上有人、天外有天。人不可坐井观天、夜郎自大，也不可自以为是、闭门造车，而要虚心、低调、谦卑，多看、多听、多学、多思考、多反省。只要认真学习他人理论和经验，结合自身实际，就能走出一条差异化发展之路。

社会很现实，当你有点出息的时候，就会有人称赞你有水平、有能力、有本事，当你有所作为的时候，就会有人评价你为人好、品性好、威望高；但当你因故出事的时候，马上会有人说你虚伪、粗鲁、膨胀……人是同样的人，事不是同样的事，而社会评论却是天差地别，为了维护名誉，必须谨慎做人、认真做事。

“隔行如隔山”“行行出状元”，有时候听到业外的事，好像听故事似的，有时候听到别人讲专业的事，好像听天书似的，不论新鲜还是陌生，足以证明每个行业、专业与职业都有特殊性、专业性与个性，足以证明每个行业、专业和职业都有特殊和专业的人才。面对隔行的事，最好的办法是尊重而不介入。

人们平常所看到的成败结果，并不是偶然的突发事件，而是各种因素沉淀与交集的最终表现。如果内在被各种非正常、非正能、非正当的因素渗透、侵蚀与腐化，最终肯定走向失败；如果顺着客观规律、坚持不懈地向上向善、努力拼搏，最终肯定成功。因此，很多成败结果并不是偶然事件，而是从量变到质变的结果。

每个人都有想法、都有办法、都有做法，我们不但要知道如何想、想什么，而且要懂得如何做、做什么。如果想得太细、太浅、太具体，那就干不了大事、成不了大器；如果想得太远、太飘、太虚幻，那就无法将想法变为办法，更不能将办法变成做法。想法、办法与做法是孪生三兄弟，只有齐头并进，才能实现目标。

“思路决定出路”吗？很难说。就算一个人的思路再好，但不切合实际，并限于空想、空谈或空琢磨阶段，不能将思路变为行动，那么再好的思路也没有出路。思路可以主宰行为，但不能替代行动；思路可以决定出路，但不能替代走路。能否将思路变为出路，不仅要看思路是否切实可行，更要看能否将思路变为现实。

日常的交流、沟通和协调工作，要讲究同心、同道和自愿，如果不属同一平台、观点相悖或心怀敌意，就会增加交流、沟通和协调的难度。面对日常的交流、沟通和协调，不仅要讲究方法、技巧与艺术，更要认真、细心、有诚意。“精诚所至，金石为开”，只要诚心相待，一切关系都会改善。

概念与现实总有一定距离，概念提出之后，如果不制定具体方案、不进行有效传播、不重视实施执行，那么概念将会成为浮云；要想将概念变为现实，需要地位、权威、平台、团队、人才、经济、环境、技术等要素来支撑；概念一旦提出，必须整合要素、整合资源、全力以赴抓落实，只有这样，才能将概念变为现实。

人们都劝说：饭要一口一口吃，路要一步一步走，事要一件一件做。但将来吃什么饭，接下去往哪里走，未来干什么事，值得人们不断思考。人生只是一场旅程，要想体现人生价值，不仅要有想法、有做法、有办法，而且要站得高、看得远、想得全、走得远。居安思危，也许才能平安；思考未来，也许才有未来。

在同一个时代、同一个平台中，都有引潮、随流、跟风、盲从等不同角色。引潮者需要具备领导者的能力与先驱者的精神；随流者需要具备先觉的敏感性与大胆实践的勇气；跟风者应该具备借机求发展与趁热打铁做事的水平；盲从者需要明白“隔壁有样，不需上账”的道理。你是什么角色就应该具有相匹配的素质。

不论是油门还是刹车，都会产生滞后的惯性效应。启动时会产生动力滞后，刹车时会出现制动滞后。企业也一样，在启动过程中，因外部环境不适应、内部环境待磨合，导致内部的执行力和外部的影响力滞后；在发展过程中，面对一些异常与风险，尽管可以采取应急措施及时予以控制，但仍可能因滞后的惯性效应带来损失。

大多数人知道“天时地利人和”，但真正关心政治大局的人并不多。其实，从某个角度讲，政治大局就是“天时”，如果不能真正了解或关心“天时”，肯定干不了大事、成不了大器。不管是就业、创业，还是追求事业，首先要懂得PEST分析，要了解“天时”、读懂“天时”，顺着“天时”而为。

实学的起源也许与实事求是有关。《汉书·河间献王刘德传》：“修学好古，实事求是。”毛泽东主席对“实事求是”作过专门解释：“实事”就是客观存在着的一切事物，“是”就是客观事物的内部联系，即规律性，“求”就是我们去研究。研究事物的客观规律，寻求事实，才能最终获得真理。

有教授说：实学与心学相关，实学是阳明心学的深层次体现，实学主要研究“实心”，就是研究事物本真的“心”，事物的“心”就是事物的本质；心学也许从“知”的意识、精神、思想、理念着手研究，实学也许从“行”的物心、物本、本质、本相着手研究。两者从不同角度研究，最终达到“知行合一”的目的。

营销的目的是推广与推销，推广的目的是扩大知名度、提高美誉度、增强忠诚度，推销的目的是实现产品的销售、交易与盈利。但是，在营销的过程中，由于受个人脾气性格的影响，或受到外部环境的阻力，可能只重视过程表现或表演，而忘了自身的目的，看表象总忙忙碌碌、热热闹闹，其结果却是一无所获。

展现自我与投人所好都是营销不可缺少的手段与方法，但两者之间容易产生矛盾。如果过于展现自我，不但会引起他人不满或不适，还会直接影响营销效果；如果过于投人所好，不但无法展现自身优势，还会直接影响自身尊严。要尽力做到既顺人脾气、顾及对方面子，又不卑不亢、守住人格尊严。

做任何事情，不能简单应付，不能随意执行，不能凭个人主观设想，来编个理想计划、照葫芦画瓢，更不能认为“船到桥头自然直”，而要对事情的过去、当下和未来，做全面、认真、细致和深入思考，要做多种预测与相对应的预案，要准备好正常计划与非正常的措施。防止万一遇到突发情况而束手无策、乱了阵营。

听起来有道理的不一定有道理，听起来没道理的不一定没道理，到底有没有道理，与讲者、听者的立场、观点和利益相关。面对不同场合、不同说法与不同对象，不要轻易赞同或否定，而要了解他是什么人、在什么位子、在为谁说话。每个人都有多面性，每件事也有多面性，要辩证地看待问题。

听到的不一定是真的，看到的不一定是真的，了解到的也不一定是真的。是不是假的，与事物表象没关系，而与如何透过表象看本质的方法有关系；是不是真的，与事物本质没关系，而与如何掌握事物的本质有关系。如果某些事物存在多种表象，但真实的本质只有一个，表象并没有错，错的是被表象所迷惑。

对不同病，用不同药，这叫对症下药；对不同人，讲不同话，这叫因人而异；对不同事，用不同办法，这叫因地制宜。如果对病情不了解、对人性不了解、对事物不了解，那就不可能治好病、说好话、办好事。不论是对病、对人，还是对事，先要了解和掌握其病、其人、其事的本质与规律，才能确保治好病、管好人、理好事。

有人说“没有永远的朋友，只有永远的利益”，这句话有一定道理，但不全对。当小利益与友情发生冲突之时，一般来讲，大多数人愿意放弃利益而选择朋友；当重大利益与友情相冲突时，大多数人会选择利益而放弃友情。如何找到永远的朋友？就是选择与利益一致、目标统一、理念相似、信仰相同的人交朋友。

做任何事，都有过程与结果，过程有长有短、有顺有难，结果有好有坏、有对有错。过程与结果息息相关，过程把握好了，成功率会大幅提高，相反，结局很难说。也有些事的过程就是结果，因为过程中的交往、联系、洽商与执行，直接关系到结果。因此，做任何事，不仅要关心结果，也要注重过程中的一切。

人变老之后，最怕“三等”（等吃、等睡、等死），如何改变“三等”现状？一是老有所养，要提高老人待遇；二是老有所乐，要重视康养事业；三是老有所学，要提高老人素质；四是老有所安，要给予老人保障。从当下趋势分析，老人事业已成为一等商机、头等大事，值得研究。

想学的知识很多，想交的朋友很多，想干的事情很多，可惜人生短暂、精力有限、空间有限，只能从实际出发、合理选择、舍得有道；前行路上，会遇到形形色色的人、各种各样的事，会听到令人迷惑、向往的故事，一不留神，就会白白浪费精力、时间与财力。懂得取舍，方能成事。

拦坝、围海、建堤塘，一般做法是先建陡闸再筑堤坝，看表面有点主次颠倒，其实是流通、泄洪、减压与应急的需要，这种施工方法，说明“疏重于堵”的道理。世上很多事都有轻重缓急之分，不要急于求成，不可强制施压，不要以权欺人，而要理顺关系、把握关键、先疏后堵，只有这样，才能水到渠成。

从众是社会普遍现象，这种现象有正反两个方面：跟随向上的、向善的、正能量的事情的从众应该是好的，带着思考、主观融入并积极参与的从众可能是有益的；最怕不分青红皂白、不管对错是非地盲从，更怕那些跟随负面的、消极的、与道德法律相悖的事情的从众。面对从众心理，需要积极正确引导。

一般来讲，统一行动比较容易，在特定的空间、时间内，在一定的环境条件下，只要满足人们利益与需求，就能实现步调一致、行动统一。但是，步调一致、行动统一，并不等于人们思想统一。思想是人们认识客观事物的思维活动，是人们自持的不同心思与不同观念，因此，要想统一思想，必须从统一世界观着手。

如何使复杂事情变得简单？先要深入调查研究、了解事物本质、掌握矛盾根源、理清事物脉络、拿出解决方案，再按专业分工、按标准化细分、按程序执行、按模块分割，然后责任到人、任务到岗、执行到位。真正实现“复杂事情标准化，标准事情程序化，程序事情专业化，专业事情简单化”。

学会“听话”，看起来很简单，做起来非常难，世上多数人属于“不听话”或曾经“不听话”的人。有些人小时候听不进父母、老师的话，即使听了，也做不到；有些人听不进他人相劝，即使听进，也放不下；有些人听不进逆耳忠言，即使听进，也有怨恨；更多的人听不懂外来语言、专业用词与未涉经典，即使听懂，也不解真谛。

“一天不练自己知道，一周不练观众知道。”同样，一天工作不积极自己知道，一周工作不积极同事知道，一个月工作不积极上司知道。在指标、任务和绩效考核挂钩的情况下，业绩与成果都要经得起检验，要想蒙混过关，真的不容易。不论是凭良心做事，还是凭利益做事，必须懂得：只有认真工作，才能求得进步。

工作表现千差万别，有人在混，有人在干，有人在看；有人应付，有人机械，有人认真；有人人在心不在，有人人在脑不用，有人全身心投入。“一分耕耘，一分收获”，一个人的工作表现如何，可以用其进步证明，可以由其收获见证；反过来讲，一个人的进步与收获，足以证明他平时的认真工作与努力付出。

工作认真不认真，不看到岗到位，不看表面文章，而要看工作业绩与实效。怎么做才会出业绩、见实效？一是理解工作内涵，吃透上级精神；二是自觉谦虚学习，打牢岗职基础；三是掌握问题实质，确保完成任务；四是坚持自查自省，防止遗漏后患；五是总结经验教训，不断追求完善。

不论是棋手，还是部队领导、团队管理者，不管是战争、竞争，还是相搏、对弈，为了获取最终胜利，先要“知己知彼”，然后“知彼知己”，再是“知己知彼知己”，从互“知”中，预测未来输赢，在预测中顾全大局、把握势局，赢局不折兵，残局须保帅，输局要求和。

面对一盘象棋，博弈的目的是为了赢棋，棋手不会对棋子投入情感，不会顾及棋子的感受，更不会照顾对手情面。但如果将河界两边比作两个部队或团队，每颗棋子就都是有血有肉的队员，棋手总会顾及人脉关系、投入个人情感，不仅为了最终胜利，也会考虑人性，为了避免损失，也许会主张和棋共赢。

自我高估者干不成大事，自我低估者干不了大事，能否成就大事，在于能否正确评估自我。如何正确自估？一是对事要分析，分析要客观，调查要彻底，研究要到位；二是大脑要清晰，心境要平和，思想要端正，行为要谨慎；三是底细要明了，知己要知彼，掌握要全面，决策要科学。

肚量大不仅是为了包容他人，也是为了自己一生幸福。如果为了一点点小事而看不惯、想不通、放不下，心里就像得病似的，长此以往，肯定吃不好、睡不香、没精神，结果免疫力降低，一不小心，就会得病。人生应看重过程，只有打开胸襟、放开肚量，才能平安幸福。

人们总觉得成功、成名的人说话有道理，理由是他们有成功的经验、成名的资本。我倒觉得那些曾经轰轰烈烈，最终身败名裂的人说的话会更有道理，因为他们拥有用血与生命的代价换来的教训、他们尝试过后悔与痛苦换来的恶果。他们在思考与反省过程中阐述的道理，会让更多人提高警惕、少走弯路、减少损失。

能否维护亲情、友情等各种人际关系，关键看自身，自己的身份、地位、名望、实力、精力、心思、品行、体质都是维护关系的基础。有权、有钱而没良心不行，会得意忘形；有实力、有精力而没威望不行，没人愿意靠近；有心思、有品行而实力不行，则心有余而力不足。总之，维护人际关系的要素是自身。

理智用来调节心情与行为，用来制衡激动与愤怒，一个人在非理智的情况下，很容易产生激动的心情与愤怒的行为，会作出非正常的决定与选择；同样，一个人在激动的心情与愤怒的状况之下，更容易导致理智失控。所以，学会先处理心情，再处理事情很重要，否则只会把事情弄得更糟。能控制好心情和脾气的人往往很强大。

事物有表象与本质之分，表象不一定反映事物本质，也许表象只是假象，也许表象只反映本质的一部分；了解表象不等于了解事物本质，读懂表象不一定读懂事物本质。因此，千万不能轻易作出结论。否则，轻则误事，重则犯错。“人不可貌相，海水不可斗量”，没有深入了解，一切都只是表象。

在奋斗的征途中，会遇到诸多不确定因素，有内部的，也有外部的，有主观的，也有客观的；有潜在的，也有突变的。诸多不确定因素，都有可能带来阻力、困难、曲折与失败。人生需要不断奋斗，奋斗是为了成功，一旦遇到曲折与失败，必须正确面对与接受；随时告诫自己，如果条件不成熟，不必勉强，以免重蹈覆辙。

“失败会让人生更完美”，说的是在人生的奋斗征途中，难免会遇到各种曲折与失败，难免会历经各种考验与打击，不是说人生非要经历失败，或是理解为人生需要寻找失败。一般来讲，失败在前、成功在后，经历小失败、获得大成功，经历磨难、最终成功，都是成功的人生、完美的人生；为了成功与完美，理当居安思危、未雨绸缪。

思维方式是指思考问题的根本方法，例如线性思维、非线性思维，又如科学思维、价值思维、应变思维等。思维方式不同，很难相对应；思维模式不同，很难相统一；思维能力不同，很难相结合。要想成就事业，应该与思维方式一致的人搭团队，与思维模式相似的人相共事，与思维能力相近的人求发展。

一方面有人说以强凌弱、以富欺穷、以大欺小，另一方面有人说赤脚不怕穿鞋的、好汉怕懒汉、懒汉怕死汉。站在不同的角度，会有不同的观点，到底谁对谁错，各有道理、各有事实。从合作角度来看，不论与谁合作，都要搞清楚对方的人格与品性，如果不是同类，不能平衡、制约对方，最好不要合作。

你说“平等互利”，而对方却自以为高人一等；你把对方当朋友，而对方把你当对手；你把对方当伙伴，而对方把你当敌人。在追求“互惠共享，合作共赢”的过程中，不同角色有不同观点、不同心态和不同目标；因此，合作双方不仅要坦诚相待、充分信任，还要充分了解对方的真实目的。打好前期基础，有利于共享共赢。

与理性的人交流，要依法、顺理，双方容易接受，交流比较轻松，效果比较好；与非理性的人交流，要以目标为主线，反向表达意见与建议，借用对方逆反的思维，顺其本意来达到交流的目的。与真心合作的人洽商，要用情理、以共享的理念交流；与自私自利的人交涉，要用法理、以共担的思维交涉。

没有调查研究，尽量不要随意表达观点；没有深思熟虑，尽量不要随便发表意见；没有条件支撑，尽量不要轻易表述理念。在什么场合讲什么话，看什么对象聊什么事，有什么条件提什么意见，这些是交流、洽商、研讨的基本原则。在商务活动或研讨场合中，不要随意插嘴，不要无的放矢，最好是不鸣则已，一鸣惊人。

为什么有人愿意献计献策而不轻易表露自己的前瞻性思维？为什么谋士们的思维非要借助掌权者之口来表达？这些正说明要想传播前瞻性思维，必须具备一定的权威性、影响力与人格魅力；否则，轻者被人视为讲空话，重者被人看成疯子。提出前瞻性思维容易，得到认可很难。

前瞻性思维从哪里来？不能靠胡编乱造，不能靠凭空想象，不能靠头脑风暴，更不能靠捕风捉影，而是来自实践过程的启发、逻辑推理的结论、实验小试的结果。前瞻性思维要有理论依据，要有案例证明，要经得住多方推敲，要经得住市场与社会检验。培养自己的前瞻性思维，才能永远跑在前面。

不少人认为自己的设想、策划、运营方案等都很好，于是满怀信心地实施，但在执行过程中，却发现思路与实际情况有距离，甚至觉得思路搞错了。思路到底对不对，不能纸上谈兵，而要通过实践来证明，思路一旦确定之后，不但要认真执行，而且要及时修正、纠偏与完善，确保思路正确、执行有力、结果有效。

思路决定出路，思路也可能导向绝路，总之，思路对与不对，可能决定人们的命运。但是，即使思路非常正确，如果理解偏差、执行不力，或者思路跟不上环境变化，再好的思路也没有用；如果发现思路出错，只要及时纠错、挽救过失、调整思路，还是有成功的希望。要想有出路，先要有好思路，而且必须将好思路执行到位。

在同等政策、同样服务的情况下，气候、环境、文化、风俗、设施、特产、人际关系等，都是招商引资、招才引智的条件。在追求生活品质的新时代，大家更加向往到环境舒适、人际和睦、文化适应、风俗相近、特产丰盛、设施完备的地区投资与工作。因此，除靠政策、资源、服务之外，还要注重综合条件。

年轻人没有专业怎么办？要专心去学，要专心去干，专心成就专业，专业成就职业。领导没有专业怎么办？要打开胸怀，启用专业人才，靠他人专业弥补自身不足，靠团队力量成就共同事业。人可以没有专业，但不可以干外行的事，更不能忽视专业人才。一个人靠专业能成就职业，一个团队聚专业可以成就事业。

一位匠人告诉我："做事能成功，一靠专业，二靠专心。"两者都具备则成功概率很高，拥有其中一项也有可能成功，如果既不专业又不专心，几乎不可能成功。专业的人不仅要干专业的事，而且要专心干事，只有这样，才能成功。人生想干的事很多，要干的事也很多，最好是术业有专攻，专业又专心。

有些要紧事，如果简单地做，会被视为眼光短浅、急功近利；有些平凡事，如果谨慎地做，会被视为胆小如鼠、能力有限；有些重大的事，如果一个人去做，会被视为蚂蚁撼树、不自量力；有些小事，如果一群人去做，会被视为小题大做、浪费资源。在同一时间内如何做事，要因事而定、因势而定。

在同一个时间段内，可以选择做不同的事情，但不同的事情，需要不同的时间，会产生不同的效果、实现不同的价值。在同一段时间里，如何选择不同的事？事情孰轻孰重？需要认真分析与评估。简单来讲，按轻重缓急来选择，急事急做、慢事慢做、重事先做、轻事后做；相似的事，可以先近后远、先易后难、先急后缓。

人的眼睛如果不借助有效工具，只能看到有限的物象；对某些物象越专注，那么盲区就越大；盲区越大，越难了解专注物象之外的事物本质。人们往往看到的是事物表象，而很难看到内在的本质。了解事物内在本质，需要借助理论、经验、工具等有效手段，通过检验、推理与调研来进行。

2017～2019

社 会 篇

按理说，政府、企业、个人等职责与分工很明确，但有很多人却混淆职责与分工。本属于自己的事却不干，与自己没关系的闲事偏要管；与岗职相关的总想推，与荣誉相关的总想得；该完成的任务不去完成，不相干的义务非要尽……社会上缺位、越位现象不少，如果上述都能理顺，肯定有利于社会安定与进步。

各行都有自己的行规，行规的形成很复杂，有政策颁布，也有业内约定，有历史沉淀，也有自然习惯。俗话说“隔行如隔山”，行内很多事行外的人并不明白，因此，行外人常常因说外行话、做外行事，被人笑话或看轻；有些人明知有行规，却凭着自己的能力与个性，偏偏来个“创意”，搞得人们哭笑不得。

与改革开放前相比，当下中国的综合实力、环境设施、生活水平都有了大幅提升，但为什么不少人找不到幸福感？究其原因有五：一是人性变复杂带来精神压力，二是工作强度大造成身体压力，三是竞争激烈造成人际压力，四是贫富差距大造成心理压力，五是物价上涨造成生活压力。要想获得幸福感，必须从减轻压力着手。

每个行业都有专家、行家，每个行业都有成功人士，能不能成功，不是靠偶然机会，关键看是不是真正的行家、专家。如果用结果倒推，足以证明大多数人仅仅与行业沾点边，或是一知半解，而没有进入角色、没有深入研究，常常是懂而不精、精而不专，因此即使偶有成功，最终也会回归为零。

给你一个职位、一个荣誉，实际上是一种负担、一种责任；给你一点信任、一点支持，实际上是一种鞭策、一种压力。得到的也许不值得激动，但是一旦失去，肯定令人遗憾与悲伤。因此，必须珍惜来之不易的职位与荣誉，积极奉献，是对大家最好的回报，也是对自己的负责，每个人都渴望被认可。

明明是好事，为什么做起来总是那么难？有人说这叫“好事多磨”，听起来有点道理，其实并非如此。“好事”为什么总要“多磨”呢？真正的问题在于基础工作不扎实、基本情况不了解、基本问题未解决。“好事多磨”只是一个借口、一种理由，如果能够一帆风顺、顺势而为、梦想成真，该是多么美好。

意念是万事之源，不论是好想法还是坏念头，一切均由意念开始。好的意念是成功之始，坏的意念是万恶之门，和的意念会带来和睦、和谐与和平，争的意念会制造斗争与战争；当某类意念在众人脑海中迸发之时，会瞬间引爆强大力量，决定大局成败。意念会影响和指导人的行为，扬善避恶很重要。

很多人、很多事的好与坏、实与虚、是与非，其实都明摆着，不需要他人的评论和鉴定。对某人某事的不同说法，只是人际关系、角度、情面的具体反映，别人说你好，不一定真的好；别人说不好，也不一定真的不好。其人其事到底怎么样，不必轻易下结论，随着时间的流逝与空间的演变，最终会给你一个正确答案。

每个人都有自己的优势和缺陷，往往优势越突出的人，其缺陷也越明显；越想体现优势的人，越容易暴露缺陷。有人觉得做人很为难，如何既体现个性与观点，又不偏不倚不得罪人？如何既做到面面俱到，又不顾此失彼？那是几乎不可能的。其实，做人没必要考虑那么多，要想有所作为，必须体现自我。

在某些场面上，总有人喜欢谈一些既没资格评论，又漫无边际的事，那些话题讲起来很沉重、听起来很玄乎、传偏了会出事，最好是不说、不听、不参与。人的时间精力有限，没必要将时间精力花在与学习、工作、生活、事业或公益无关的事情上，否则，不但没好处，反而有后患。

鲁迅先生说："其实地上本没有路，走的人多了，也便成了路。"是的，原始的路是靠人走出来的，但是，当今可选择的路很多，没必要再去踩路，而要善于自我剖析，选择一条适合自己的发展之路。一般来讲，正确的选择肯定比盲目实践更直接、更安全、更快速。故此，不到无奈之时，务必注意安全，学会理性择路。

俗话说"隔壁有样，不需上账"，参照物的好坏、美丑、善恶、先进与落后等，都会直接影响学习者、跟随者的行为、思维与品德。因此，不论是单位、社区，还是地方政府，都非常重视参照物的作用，用树立标兵模范、宣传好人好事、传播先进事迹等方式，来带领与引导人们向上向善，推动社会进步。

参照物思维，早在人们幼小的心灵中埋下，成了多数人的习惯性思维。如：老师是学生的参照物，家长是子女的参照物，官员是百姓的参照物，成功者是创业者的参照物，将军是士兵的参照物，宣传教育导向是公民行为的参照物。参照物的标准，将决定一个人、一个家庭乃至一个民族与国家的命运。

为什么有“双 11”？这不仅是商家共同运作的结果，也是打开消费者欲望闸门的结果。“双 11”的背后运作者，摸清了人们“不是因为产品便宜，而是因为得到便宜”的心理规则，设置促销手段，撩起消费者欲望，实现销量暴增。任何时候都应该理性消费，花钱买真正需要的东西，而不是便宜的。

社会、人、事业都是变数，变数之间有普遍联系，社会变了，人也要跟着变，人变了，事业随变而变。社会与人之间，人与事业之间，社会与事业之间的相互关系，不仅因政治、经济、军事、环境等变化而变化，还会因人的思维、需求、心情、身体、人际、实力、地位等变化而变化。事业能否成功，社会是基本条件，人是第一要素。

社会变化实在太大、发展实在太快，面对瞬息万变的社会，如果都跟着变，可能顾此失彼，如果都“稳坐钓鱼台”静观其变，可能会被社会所淘汰。变与不变，没有定论，从哲学角度分析，该变则变，不该变则不变。什么该变，什么不变？什么时候变，什么时候不变？全靠个人修行与悟性。

编织一个迷人的故事，用他人的资金做自己的资本，这种“空手套白狼”的做法屡见不鲜。有些老板为了自身发财与发展，而不顾关联方死活，恶意拖欠关联方资金，这种手段用多了，不但影响个人声誉，而且会影响企业前途。“人不配财，必有所失，德不配位，必有定殃。”每个人的行为都会产生相应的结果。

社会是多方利益共同体，每个人都是共同体的一分子，人不仅要考虑自身利益，也要顾及整体利益、社会利益。如果因为个人利益而伤及整体利益乃至社会利益，就会波及相关方面利益，终究影响自身利益。“一荣俱荣，一损俱损”，只顾眼前利益，实则犯了“鼠目寸光”之大忌。

怎样才能实现“人多力量大”？主要是靠“心的力量”，从真诚与善心出发，努力组建一个目标一致、理念相近、文化相融、信仰相同、人品相似、志同道合、友好协作、甘愿奉献、团结奋进的团队，才能实现统一指挥、步调一致、优势互补、资源整合、齐心协力、同心同德、互惠共享、合作共赢的目标。

“人多力量大”，是指集多人之力，显更大力量。但是，聚众就能聚力量吗？很难说。如果是一群“心不往一处想、力不往一处使”的乌合之众，如果团队中有人滥竽充数、有人唱反调，那么，人越多，力量可能越小。如何才能实现“人多力量大”？这是一个深奥的课题。

当你顺风顺水、不断进步、事业发达的时候，“熟人”越来越多，“朋友”越来越广，“场面”越来越好，“门头”越来越红；当你落魄无助、贫困潦倒、前途无望的时刻，“熟人”远远回避，“朋友”无影无踪，“场面”凄凄惨惨，“门头”静可罗雀。锦上添花事普遍，雪中送炭人难找。

来往促进交流，交流促进了解，了解促进友谊，友谊促进情感。为了生存、生活、生产与发展，人们必须以血缘、姻缘为基础，与家人、亲戚构成安全和睦、相互依靠的关系网，关系网决定实力；必须以友情、感情为基础，与朋友、同事、同学、战友、股东、客户构成相互帮助、相互关照的交往圈，交往圈决定威望。

新时代，“立德、立功、立言”不再是圣人、伟人、大人物的专利，平凡老百姓都能成为时代楷模、道德模范、英雄人物、文化名人；当下能立德、立功、立言的途径有很多，只要你愿意以身作则、甘于奉献、不懈努力，都有可能被国家认可、被社会传颂、被百姓尊敬。

城市想正常运转与稳健发展，在制订发展规划时，不仅要考虑消防、交通、市政、环境等基本要素，也要考虑教育、医疗、休闲、娱乐等配套设施，还要考虑就业、企业、实业、产业等条件支撑。城市的规划要提前设计好，不要到时“头痛医头，脚痛医脚”，合理全面的规划和设计，是今后城市发展的重要保障。

人是家庭的人、家族的人、社会的人、国家的人，人的属性决定了人的行为、道德、意识与精神，人的一生，时时与各种关系相连，处处要考虑如何处理好各种关系。人的一生，是否有价值，是否有成就，很大程度上取决于他能否处理好各种关系，能否得到各种关系认可。

法治社会中，每个公民都应该守法、遵法、依法，遇到不可调和的矛盾或纠纷，应该通过法律途径解决，如果放弃法律武器不用，而玩弄一些违法手段，肯定会受到法律制裁。法律前面，人人平等，只有维护法律权威，才能维护自身权益。所以，不要做投机取巧的人，为社会增添一些浩然正气。

“圆而不滑，尖而不锐，正而不呆”，这是做人做事的基本原则，更是人生的追求境界。但讲起来容易做起来难，事实上人们往往是有过之而无不及。如何真正达到如此境界？这不能靠技术处理，也不能靠艺术表演，而要靠真心、真情，坦荡做人、真情待人、诚信处事，不断修炼，方能提升境界。

折腾分爱折腾与被折腾，爱折腾是指人在主观上对自己或对他人反反复复；被折腾是指人受到外部的压力、折磨或打击。爱折腾实际上是自找麻烦，对自己或他人都没好处；被折腾是一种无奈，虽然过程会很痛苦、很难受，但是历经折腾的人，也许会百折不挠、久炼成钢。

很多人反对浪费，反对浪费时间、青春、生命；很多人爱折腾，爱折腾时间、青春、生命。有人说折腾是一种磨炼，是一种自我完善，做人需要不断折腾。实际上折腾时间比浪费时间更可悲。折腾时间会留下一堆后患，今后的生活里都要为此填窟窿。浪费时间还可以及时纠正，折腾时间则会深陷泥潭，无法自拔。

“上下同欲者胜”，如果上下同心同德、齐心协力、团结奋斗，就能不断取得胜利。如何实现上下同欲？重在换位思考、彼此理解，老板要多考虑员工利益和需求，员工要多考虑老板压力和难处。彼此体谅，就能促进团结；上下同欲，方可旗开得胜。“上下同欲”的前提是“上下同利”。为了共同的追求而团结进取。

人不反思永远不会进步，人不反省永远没有出息。每一次遇坎，都是一次考验，经得住考验，才会有前途；每一次受挫，都是一场历练，经得起历练，才会有未来。知难而退、遇坎而避、有事而推，永远没有出息；知错不改、错而不悔、悔而不省，永远没有前途。遇到坎坷，受到挫折，只有跨过去，才会见明天。

有时帮人是救人，有时帮人是害人。当帮人促使他人依赖、贪婪、变懒的时候，帮人是在害人；当帮人可以救急、救病、救难的时候，当帮人可以使人自省、悔改、觉醒的时候，当帮人可以使人成长、独立、成功的时候，帮人是在救人。帮人时也要分析，尽量救人，不要害人。

“笨鸟先飞”的说法并不正确，“笨鸟”因为笨，肯定没有明确的目标，没有正确的方向，怎可能会先飞呢？不管是让笨鸟独自先飞，还是让笨鸟带领先飞，都会出事故，我认为，“笨鸟先飞”应该改为“笨鸟多飞”或“慧鸟先飞”。“笨鸟多飞”会在实践中变得智慧，“慧鸟先飞”会带领群鸟平安前行。

如何防止受骗？一是不贪，保持不贪之心，阻止骗子入侵；二是不信，保持警惕之心，防止陷入骗局；三是不介入，保持清醒头脑，避免被人利用；四是不传播，保持谨言慎行，以免误传害人；五是不怕事，保持正义之心，敢于揭穿骗局。能做到“五不”“五保持”，可以防止受骗上当。

为什么追随别人？也许他能给你带来物质或精神满足，也许他会给你带来希望与前途，也许他是你的顶头上司，也许他是你的心中偶像。同样，别人凭什么愿意追随你？主要看你能否给他带来满足、希望与幸福。追随与被追随是一样的道理，追随别人，在于自己选择；成为被追随者，需要一生历练。

幸福是一种能感受、能领会而讲不清、道不明的感觉，幸福犹如道，妙之又妙，玄之又玄；幸福无时不有、无处不在、无人不知、无人全知；幸福总在身边、在心里，触手可及，幸福又很遥远，无处能求；幸福是人们最低要求，也是最高追求；幸福与自身标准直接相关，只要降低标准，幸福就会融入你的心中。

幸福不是简单的物质上的满足与富有，而是精神层面的满足和内心世界的喜悦；幸福需要良好情感、健康身体、基本物质、和平环境等条件来支撑，但又不依赖于情感、健康、富有与和平而存在。幸福没有标准答案，也不受条条框框约束，幸福是人生满足感在精神层面的具体表现。

有人认为，官二代、富二代，其父母为他们奠定了地位与财富，他们不需要奋斗也会获得幸福。其实，这样理解有点偏颇，虽然他们的基础相对好一点，但他们同样有自己的奋斗目标，同样需要不断努力奋斗；如果有个别人只会躺在父母提供的温床上享受，那么他们永远不会知道什么叫幸福。

“幸福是奋斗出来的。”这说明了几个道理：一是现在的幸福是因为曾经的奋斗，未来的幸福要靠当下的奋斗；二是如果没有不懈奋斗，那就不可能有持续幸福；三是那些不劳而获、非法所得的成果，不会给人带来幸福；四是为了追求幸福而奋斗，并在奋斗过程中感受幸福。只要明白幸福真谛，就能激励人们不断奋斗。

如果你有权而不为民服务，那么有权又有何用？如果你有钱而不做点公益，那么有钱又有何用？如果你有能力而不愿奉献，那么有能力又有何用？有权要用，但不能私用，更不能滥用，而要为民所用；有钱要花，但不能乱花，更不可糟蹋，而要做些公益；有能力就多干，但不能乱干，更不能干坏事，而要彰显正能量。

每个人心中都有自己崇拜的偶像，我也不例外，我崇拜让国家站起来、富起来、强起来的伟人，崇拜保家卫国、为国捐躯的英雄，崇拜引领社会发展、促进社会文明的人，崇拜有正能量、有孝心、有正义之心的人，崇拜大公无私、愿意奉献、见义勇为的人。我最讨厌有权不为民服务、有钱不做公益、有能力而不奉献的人。

领导失信，等于失去根基；老板失信，等于失去事业；商人失信，等于失去市场；一般人失信于家人、亲戚、朋友或熟人，等于失去人格。信在于立，而不可失，失信等于失去一切；为了守信，不要轻易承诺，一旦承诺，必须兑现；万一发生意外情况，也要有个交代；不要将承诺当吹牛，如果吹了，只能兑现，别无选择。

管好自己，应该从管好自己的时间做起。如何充分利用时间而身心不透支？如何劳逸结合？如何提高时间的利用效率？这些都是管好时间的大课题。时间有规律，必须遵守，不可违背；必须珍惜时间，不可浪费。要想管理好时间，先要理解时间的真谛。合理利用时间，就是对生命最好的安排。

时间是你的，也是我的，是世界上每一个人的。而人们的时间观念千差万别，利用时间的方式也各有千秋。一些天赋差不多的人，因为时间观念不同、利用方式不同，人生的结局就大不相同。如何让人生变得有价值？如何实现人生目标？关键在于拥有正确的时间观念与合理的使用时间的方式。

气量小的人，看到自己的朋友、同学成功时会妒忌，心里会不舒服；气量大的人恰恰相反，总觉得自己的朋友、同学功成是好事。不同的气量，反映了不同的心态。人性中有一种恶，叫见不得别人比自己好。这是十分讽刺的一句话，但却是不争的事实。愿我们都弃恶从善，正视那些靠自己的努力取得成功的人。

俗话说："与其说得好听，不如做得好看。"是的，问题是多数人连"说得好听"都做不到。"说得好听"也是有水平、有能力、高智商、高情商的表现，说得好不仅需要渊博的知识、敏捷的思维、伶俐的口齿，而且需要懂得看事说话、看人说话、看环境说话。怎样说话才能让人听得舒服、听得入迷、听了还想听，值得不断思考。

喝酒的学问很深奥，不但与酒量、酒胆、身体相关，也与场合、对象、态度相关，更与关系、情感、缘分相关，同样的酒，在不同的环境中，会喝出不一样的味道。"酒逢知己千杯少，话不投机半句多"，说的正是这个道理。为了社交有选择地喝酒，也是人生时常要经历的。

酒就是酒，自身不会说话、不会表态、不会自评，只有人们喝了酒，才会作出各种评议。有人喝酒就醉，有人千杯不醉，有人推却不喝，有人见酒就喝，看来，会不会喝酒、想不想喝酒、喝什么酒、跟谁喝酒，都是自己选的，即使是劝酒、敬酒、斗酒，也是自己决定的。俗话说，"酒不醉人人自醉"，还是很有道理的。

人际关系不一定对等，也许某一方是另一方的依靠，也许另一方是这一方的基础，也许一个人带领着一批人，也许一个人连累着一批人，这些都是不对等的。在不对等的社交中，理当作出正确自评、做好自我定位、演好自我角色、发挥自我价值。每日三省吾身的人，不断更新自己的人，都是智慧的人。

如何维护儿时、少时、青年时期的各种友好关系？一是自己要有威望，能够得到认可，受到他人尊重，值得他人追随；二是做人要有良心，始终记得曾经，愿意帮助故旧，待人热忱真诚；三是要有实力、精力，能帮人解决难事，善于协调关系；四是抱有一颗童心，从不计较得失，遇事自愿吃亏，新友不忘旧情。

别以为儿时玩伴、少时同学、青年时期的朋友与你的关系依然如故，大家学的是不同专业，走的是不同道路，再也不会像当年那样简单，再也不会像过去那样随意。看看当下的多方来往，想想当初的各种关系，可见人际关系妙不可言，关键在于用心维护。维护关系劳心劳力，故朋友不必多，三两知己足矣。

人在变，事在变，不论什么人、什么事，都要用发展的眼光去认识，不能用老的眼光、老的观念去认识、去分析、去定论，更不能用“本来”“原来”“我以为”等思维下结论，否则，肯定犯错误、肯定吃亏。“士别三日当刮目相看”，对任何人、任何事，都要看深、看透、看到本质。

当下各种诈骗事件频发，确属严重的社会问题。有人突破法律与道德底线，不择手段、挖空心思地去挣钱，竟然将诈骗当作发财手段，这一定程度上也反映了人心问题。由于一些人片面追求物欲，导致人心偏移，长此以往，必将出现法不约众、德不束众的现象。面对某些诈骗问题，要剖析本质、究其根源。

父母总希望子女有出息，希望“青出于蓝而胜于蓝”，但有些父母不让子女锻炼与体验，更舍不得子女吃苦，大小事情均给包办，结果子女成了温室里的花朵，经不住风吹雨打。疼爱子女是父母本性，但不能溺爱，否则，不仅害了子女，也毁了家庭，为了家庭幸福、子女有出息，父母只能当教练而不能成为代替子女的运动员。

人生即便轻松、快乐、幸福，也总有压力、烦恼、痛苦相伴。如果没有压力，怎会感受到轻松？如果失去烦恼，很难找回快乐。如果不经痛苦，很难感受到幸福。很多事往往坏中见好、丑中见美、苦中见乐，这是相对辩证的客观事实。因此，当你经受压力、烦恼、痛苦之后，意味着轻松、快乐与幸福即将到来。

2017～2019

信 息 篇

大数据时代，只要人们手机、电脑连接网络，或是出入任何场所，都将会失去“隐私”与“自由”，因为人们所有的言论随笔、行踪轨迹、社交关系、工作范畴、生活爱好，统统被大数据所记录、运算、收藏，每个人的信息都成了大数据的一部分。大数据将会构成天罗地网，到时无一遗漏。

在信息化、大数据时代，人们会产生、传播、接收大量的信息。面对既不可缺少又泛滥的信息数据，要以扬弃的思维与方法，用有限的时间与精力，去选择必要的信息数据。处在人人都追求快速的“快餐时代”，我们在快节奏的生活里快速接收信息，快速遗忘，最后原地踏步。学有用的知识和技能，方能在这个时代稳中求胜。

在信息化、大数据时代，肯定是“真的假不了，假的真不了”。如果想用虚构的手段，去蒙人、行骗，那么肯定会出事；如果发布假信息、捏造事实或捕风捉影，那么很快就会被揭穿。天网、天眼并不是虚幻缥缈的，而是实实在在的。在“天罗地网”之下，人们应“实事求是”。

人们追求自由，但自由是相对的，特别在全球化、信息化时代里，人们的一举一动、一言一行、一来一往，都将被网络所记录、汇总、运算、储存，如果有不轨行为、不当言论，那么将会成为个人无法抹去的负面档案。所以我们在适应时代变化的同时，要更加谨言慎行。

搭建网络平台首先不是为了投资方赢利，而是因为市场需要、消费者需要，如果市场不认可，消费者不认可，那么不论看起来多完美，也无济于事；如果出现同类平台竞争，不论是拼硬实力、软实力，还是拼巧实力，最终是优胜劣汰。搭平台实际上是走钢丝，一不小心就会踩空，千万要小心。

搭建网络平台是个烧钱的事，技术、设备、运营等成本有限，但数据、流量、推广、吸粉是个无底洞，要想达到收入与支出平衡，需要投入大量资金。于是，有人搭建网络平台并不靠真投入，而是靠新理念或新创意，靠的是讲故事、拉融资，通过 A 轮、B 轮来融资，然后悄悄退出，平台发展如何，已经与原来搭平台的人无关系了。

有实力搭平台，没实力加盟平台，有资本投平台，没资本借助平台。这是当下与今后产业发展的基本规律，也是市场运行的必然趋势，在这样的大环境下，平台像雨后春笋般涌现，目不暇接。哪个是真平台？哪个平台真有用？如何借平台、用平台？已经令众人头疼。如今平台已经过多过滥，值得搭平台者深思。

当网络成了一种工具之后，大多数人的学习、生活、工作已经无法离开网络，万一哪天网络突然中断，大多数人是否将会不知如何学习、生活与工作了？随着社会进步与科技发展，人们对现代工具的依赖性越来越强，这是值得所有人深思的问题。在不必要的时候，试着放弃使用现代工具，回归生活本身，也是另一种放松。

休闲农旅是以种植、养殖为基础，以休闲为内容，以旅游为手段，将休闲农业与乡村旅游相结合，促进第一产业、第二产业、第三产业融合发展的新业态。如果没有休闲农业，乡村旅游就没有内容；如果没有乡村旅游，休闲农业就没有客源。只有将休闲农业与乡村旅游相融合，才能促进农村三大产业发展。

如何实施乡村振兴战略？一是继续实行联产承包责任制，提高土地利用率，实现第一产业提质增产；二是实行精准扶贫，上下直扶、横向帮扶，变输血为造血，确保“真扶贫、扶真贫”；三是重视农产品深加工，开发延伸产品，实现第二产业增效；四是引导休闲农业与乡村旅游融合发展，促进第三产业增收。

十九大报告提出“实施乡村振兴战略”，这是我党重视“三农”问题、推进“三农”发展、实行精准扶贫、缩小城乡差距、实现全面建成小康社会目标的重大举措。“小康不小康，关键看老乡”，习总书记指出：“中国要强，农业必须强；中国要美，农村必须美；中国要富，农民必须富。”实现乡村振兴，才能实现中华民族复兴。

在互联网、新媒体的冲击之下，当下报业的压力非常大。面对市场环境的变化，不少企业积极应对，充分应用与挖掘资源，实行全员营销、全面营销、跨行营销、跨域结盟，它们的营销理念、专业水平、敬业精神，远远超过大多数民企，值得敬佩，也是当下很多企业学习的榜样。没有营销，就没有生机。

当下，人工智能、大数据、云计算、区块链、粉尘传感器、万物互联网、Wi-Fi 全覆盖、3D、VR、AR、智能体检手环……已经融入人们的生活、生产与生命，未来，智慧家居、智慧社区、智慧城市将向智慧中国、智慧世界发展，如果不问、不闻、不学习、不思考，很可能被时代所抛弃。

在万物互联时代，很多人在研究资源对接与共享，旨在发挥资源最大利用价值，减少资源浪费，避免盲目投入与重复建设，弥补缺陷与不足。在资源对接与共享过程中，我们也要自我考量：需要什么资源？如何吸纳与对接？拥有什么资源？如何给予与回报？资源对接与共享也要讲究互惠，互惠才能促进共享。

在“创新、协调、开放、绿色、共享”发展的新时代，企业不仅要用最少的资源和能源，生产出最好、最合适的产品，满足最广大客户和消费者的需求，更要了解城市提升趋势，契合整体规划要求。城市不仅要通过迁、拆、征、改、建来改变面貌、提升品位、营造环境，更要动员企业务必把根留住。

企业要发展，城市也要发展，企业发展助推城市发展，城市重视企业发展有利于稳固经济基础。所以，企业与城市应当同向、同心、同目标、同命运，城市应当担负起领导、保护、管理、服务好企业的责任。两者相辅相成，合作共赢，才能为社会发展作贡献，为城市发展注入活力，为企业发展提供空间。

不论经营企业，还是管理城市，其愿景、目标、战略、规划、文化、品牌、运营、管理乃至具体战术都必须是相一致、相匹配、相协调的，否则，内会出现两张皮、多头争、窝里斗、思想消极、工作怠慢的情况，外会呈现不规范、散乱差、拖推拉、政出多门、执行不力的现象。只有同向、同志、同心、同力，才能办好企业、管好城市。

一个城市的房价涨跌，关键看刚需、产业、环境和供地量四大元素。如果刚需大、产业走势好、人居环境优良而供地量少，房价肯定高涨；如果刚需、产业、环境与供地量都属于一般，那么房价可能比较平稳；如果刚需不足、产业乏力、环境一般，而供地量充足，房价势必下跌。同样，地价也会随房价涨跌而涨跌。

“科技是第一生产力”，科研成果又是生产力的前提，如果没有科研成果，科技就不是第一生产力；如果仅有科研成果而不能应用于生产，那么科研成果就只是水中月。“科技是第一生产力”不能说在嘴上、画在纸上，而要将科研成果应用于生产、转换为产品、推广于市场，否则，白白浪费资源。

一个新概念、新名词、新设想的提出，都是一大进步，至少给某些人群、某些行业带来新的启发；概念、名词、设想，毕竟是口号，如果不能付诸行动、实施到位、转换应用，那么新概念、新名词、新设想将会随着时间流逝而被淘汰。因此，我们不仅要做思想巨人，更要做实践强者。

农旅项目不仅要符合地方乃至国家的政策导向和发展要求，而且要符合各种法律法规；要针对农业农村、土地规划与自然资源保护这三条线的不同要求，做到既要符合粮田保护、土地保护的法律要求，又要符合环境保护、自然资源保护的法律要求。农旅项目必须依法运作，否则，肯定失败。

农旅项目、文旅项目，需要政策支持，但不能依赖于政策，某些政策的补贴、奖励和贴息贷款，只是引导投资和帮助项目启动；项目的生存、赢利和发展主要靠市场与客源，市场竞争与引入客源，要靠项目定位、经营思路、运营模式以及项目自身内容带来的魅力。只有用市场化思维经营管理，农旅项目才会有长远发展。

农旅项目，要以种植、养殖为基础，以加工、品牌为前提，以休闲为内容，以旅游为手段，以城市居民为对象，将第一、二、三产业相融合。农旅项目要以第一产业为根，无根必亡；要以第二产业为魂，无魂必败；要以第三产业为神，无神必衰。农旅项目，只有将根、魂、神三者有机融合，才能获得成功。

农旅、文旅、体旅、教旅、康养等项目很火，但成功的不多，类似项目不仅需要政策、资金、环境、特色来支撑，更需要故事、内容、时间和客源来保证。没有故事不行，专讲故事也不行；缺乏内容不行，经常刷新内容也不行；没有时间沉淀不行，时间太久了也不行；没有客源肯定不行，获客成本太高也不行。

所有的开发性项目、保护性项目、投资性项目，都是为了实现更高的价值，要么追求快速变现，要么讲究价值沉淀。不管通过什么手段实现目标，都需要政策、社会、市场、资金、文化、人才等基本要素支撑，不同项目需要不同的要素支撑，能够整合相关要素，就能确保项目成功；如果缺乏基本要素，就有失败风险。

为何有些同学、战友不团结？为何某些股东、伙计有矛盾？为何一些员工、人才不听话？其实都与思维方式、思维模式、思维能力相关，不在同一频道的同学、战友、股东、伙计、员工、人才，很难做到有共同话题、共同目标、共同利益。我们很难改变对方的思维方式，但可以有选择地与人交往、合股和搭建团队。

未来城市＝生态城市＋智慧城市＋数字经济＋产城融合。生态城市既能提供生存保障，又能提高生存质量；智慧城市既能提高生活质量，又能提高治理能力；数字经济既能带来经济环境与经济活动的改善，又能构建新型社会与经济体系；产城融合既能保证城市可持续发展，又能保障就业与社会安定。未来城市让生活更美好。

没有创新哪有进步？没有进步哪有发展？在传统与创新之间，有人守旧、有人开拓，有人排外、有人包融，有人固执、有人引领。面对各种心理状态、各种本位思想、各种利益诉求，很难统一、很难协调、很难相融。世界博大，道路万千，何必挤入同一条胡同？互相让一步，也许海阔天空；各走适合自己的路，前景无限光明。

“便宜没好货，好货不便宜”，不少人认为这是基本道理，于是，凡被认为是“大品牌”的，价格总是比较贵。由于这一“理论”被某些人群所接受，导致某些营销高手人为地打造“品牌”，给产品套上华丽包装，再用饥饿营销等手段，使一般产品变成高端奢侈的商品，搞得真假难辨、良莠难分。

2017～2019

道德篇

有人认为："道与德相关，德好才能顺道、得道。"此话有道理，但不完全对。一般来讲，品德良好、行为端正的人，当然知孝道、顺人道、遵天道，容易实现得道；但是，有德不一定有才，如果有德无才，那就很难得道；如果不得道，那就不可能成功。可见，道是道，德是德，道与德并没必然关系。

自然有道，顺道者生存，逆道者遭殃；万物有理，顺理者幸福，叛理者不幸。道，隐于自然、融于规律；理，表于物性、藏于物中。知道者，心形合一、顺道而为、万事胜意；讲理者，言行一致、据理忍让、众生和睦。问道、求道、知道之人，方能遵道、顺道、得道；学理、知理、懂理之人，才会讲理、顺理、有理。

天理与人性是对立统一的关系。天理是以顺道遵规为根本，被人类共性所确认并自觉维护的自然法则；人性遵天理而生存、顺天理而发展。但人类个性千差万别，有人总想摆脱天理束缚，明知违天理会伤命、逆天理会失败，却胆敢明知故犯，最终作茧自缚。顺应天理，方可事半功倍。

什么叫格局？格是指人们或组织生存时间与活动空间的范围，局是指人们或组织在生存、活动时所表现出来的胸怀与气度，两者合起来称为格局。因此，不同人或不同组织，追求不同事业，摆出不同格局。格高局大，格低局小。只有不断扩大自己的格局，才能百尺竿头更进一步。格局有多大，人的前途就有多广。

任何人做任何事，不仅要考虑自身，也要考虑他人，没有照顾他人的利益、考虑他人的感受、记住他人的好处，他人肯定不会理你、不会帮你、不会理解你。要想找到一个理想的职业，干一番像样的事业，首先要考虑他人的利益、感受与好处，只有赢得他人参与、支持与追随，才能成就自我。

面对世界诱惑，总有私欲贪念；面对不顺诸事，总会爆发脾气；面对事业处境，总要经历磨难；面对竞争博弈，总要忍受煎熬；面对人生目标，总要有所奉献。佛家有布施、持戒、精进、忍辱、禅定、智慧六波罗蜜，若能修得则会做到乐于奉献、持公心、戒贪欲、少自烦、多努力、不强求、宽度量、诚待人、修身心、积智慧。

每个人都有自己的需求，有需求必然有付出，只有需求而没有付出，会被社会淘汰，只有付出而没有需求，会被自己淘汰；需求与需求之间、需求与付出之间、付出与付出之间，可以合作、互补、共享、交换、交易、互赠、互帮、互惠。要想实现需求，必须懂得提前、加倍付出。

人品只有在特殊条件与特定环境下，通过实践验证，才能分清良莠。别以为日常交往的人都是朋友，别以为所有的朋友都可靠，如果没有经过事件、事故与时间的考验，大多都很难说，实践是检验真理的唯一标准。人心深不可测，不经一事不识一人，永远不可失防人之心，不管任何时候都要做两手准备，靠人不如靠己。

“大公成就大私”，不是一句空话，而是对人们的追求、境界、人品、智慧和意志的考验，也是人生修炼得到的正果。任何一个人，如果为了私利斤斤计较、喜欢贪小便宜，肯定会被人瞧不起，更没人愿意与其共事交友；相反，如果是一位公正开明、不计较得失、愿意奉献的人，就会赢得尊重与追随，赢得更大的事业平台。

追求越高，境界也会很高；境界越高，追求也会更高。如果境界跟不上追求，或者境界与追求相脱离，那么境界就会拖追求的后腿，直接阻碍追求目标的实现。“知行合一”，人的认知和行为要达到统一和谐。追求和思想境界相得益彰，德才配位，才能生活安宁，心情平稳，行事得心应手。反之则终日焦虑，身心疲累。

做任何事都需要资本，资本不仅是资金，也包括时间、身体、人脉及各种资源。资本从哪里来？不仅是赚来的，也有修来的、求来的和献来的。做小事，需要小资本，通过挣、借、要都能获得；做大事，单靠自己的资金、时间和精力远远不够，还要靠团队、组织支撑。如何获得各种资本？主要靠修行与智慧。

正与呆、圆与滑、认真与固执，只差一点点，过分正，会被人误为“呆子”；过分圆，会被人说成滑头；过分认真，会被人曲解为固执。会不会做人，会不会做事，其实就差这么一点点。把握得好，会受人器重、令人尊敬；把握不住，就会被人看轻、受人排斥。如何恰到好处？不是靠聪明与技巧，而是靠真诚与智慧。

德要配位，不仅讲一个人的德性要与地位相匹配，也要求一个人的素质、行为、性格、脾气、作风要与他的能力、水平、所得、权力、事业相匹配。德位相配，造福一方；德不配位，危害社会。因此，社会需要德位相配的强者，而不需要缺德的能人。任何人都一样，要想成为强者，先要修炼品德，德品相配，方成大业。

做人一方面需要包容的胸怀，听得进不同的建议、相悖的意见、反对的声音，能与不同追求、不同理念、不同目标的人一起共事；另一方面也要懂得拒绝，拒绝浪费时间的活动，拒绝对身心不利的事，拒绝与没信用、小心眼、素质差、会欺骗的人打交道。包容讲究大度，也讲究适度；拒绝要坚持原则，守住底线。

“害人之心不可有，防人之心不可无”，做人不能恶，不害人、不伤人，但不能因善变愚，更不能不分是非、不辨善恶，否则风险就在眼前；做人要善良，尽量帮助人、做好事，但要有防范之心，更不能受人摆布、任人宰割，否则事业肯定失败。在这错综复杂、激烈竞争的环境里，既要扬善行善，又要防恶抑恶。

两类人的事业必败，一类是恶徒，另一类是愚善之人。恶徒心怀恶念、不择手段，甚至干出伤天害理之事，势必违法犯罪，终究难逃恢恢法网；愚善之人往往以心换心，特别容易相信别人，结果被人欺负被人骗。做人不能太恶，太恶必尝恶果；做人也不能愚善，愚善会被恶人所害。

什么行为叫骗？凡是失信的行为叫骗，凡是承诺而不兑现的行为叫骗；凡是把借来的钱当自己赚的钱的叫骗，凡是欠钱而不考虑还钱的叫骗。可以说，失信是行骗的前奏，失信的人如果不及时纠错，很容易沦为骗子。人生难免遇到窘境，有困难可以理解，但必须有所交代，不能一避了之。

什么都不计较的人，人家说你很傻；什么都计较的人，人家说你肚量小。什么话与事要计较？什么话与事不计较？不仅与肚量相关，更与原则相关，肚量大可以什么都不计较，但在原则面前，不能按肚量来划分，有关原则的话与事必须计较，与原则无关的话与事可以不予理睬。人的肚量一定要大，但在原则面前决不能让步。

做事与做人既有关系，也没有关系，就事论事地看，做人是做人、做事是做事，互不矛盾、互不干涉。如果在做事中过多地考虑做人，容易把事做砸了，但做事又以做人为基础，人未做好，事自然做不好。做什么事与做人相关？要看事情性质，凡是与法律、道德、制度相关的事，必须守住底线。

不管有钱没钱，行善很要紧；不论有权没权，积德很要紧。钱少少捐一点，钱多多捐一点，有空时多做善事，忙碌时须守法纪；没权多做好事，有权为民服务。如果什么都没有，可以做个志愿者；如果什么都不会，可以给人多一句美言、多一个笑脸。只要有一颗善心，就会尽力行善，只要有一颗爱心，就会努力奉献。

没有钱干不了事，但有钱不一定就能成事；办事需要人脉，但仅有人脉不一定就能成事。做事、办事、成事，离不开资金与人脉支撑，但比资金与人脉更加要紧的是心，因为心善、心好、心诚的人，更容易得到他人认可、支持与关照。人生奋斗过程中，需要诸多要素做支撑，尤其需要一颗勇敢、执着、善良、博爱的心。

2017～2019

励 志 篇

人的心态总是随着生活、环境和事业变化而变化。生活条件好了，心态也会好一些；环境改善了，心情也会好一些；事业成功了，心胸也会开阔些。反之，心态可能会越来越坏，心情可能会越来越差，心胸可能会越来越窄。那些在危难面前坦然自若的人往往是想好了退路，胸怀，多半是需要前提的。

给你一份荣誉，实际上是一种信任；给你一点权力，实际上是一种责任。每一份荣誉都是无数次努力的累积，每一次信任都是无数次认可的结果，每一种权力都是无数次考验的重托。世上很多事，没必要太勉强、没必要去硬拼，只要严格要求自己、不断努力进取，通过日积月累，总有一天会久炼成钢、琢玉成器。

有些机会、荣誉与成绩，并不是单凭自身的努力就能得到的，而是靠顺势之力、组织信任、领导栽培和朋友相助，还要靠同事与追随者齐心协力。因此，不论遇到什么好事，千万不要自以为是，更不可清高自大，否则，搞不好就会跌倒；不论取得什么成绩，千万不要飘飘而起，更不可骄傲自满，否则，说不定就会败落。

人需要激情，激情之下可以脑洞大开，可以诞生创新思维，可以增强信心，可以增强胆识。但是，单凭激情还不行，激情容易导致感情用事，容易造成过失。可见，人需要激情，但不能依赖于激情，没有激情干不了事，依赖激情干不成事，只有在理性的基础上，适当增添一点激情，才有可能成就大的事业。

当客观条件成熟的时候，成与不成靠努力；当已经尽力拼搏的时候，成与不成靠天意。天意即是道，道即规律，如果做到顺道而不懈努力，即使失败也不必遗憾。人生途中可能遭遇无数个失败，面对失败的无奈，只能学会在无奈中历练，历练能使人越来越坚强，只有坚强到底，才能取得最后胜利。

成功的时候总会得到他人尊敬，这不是他人奉承，而是自己荣耀；失败的时候总会受到别人鄙视，这不是别人可恶，而是自己无能。世界是枚哈哈镜，丑、美、高、矮、胖、瘦只是某种现象的反映，不要管他人怎么评价，努力拼搏、完善自我、获取成功，才是根本目的。

人的格局犹如围棋的棋格与棋局，能否取胜，与棋子定格、棋局布设相关。格局过小，攻而不力、守而无心，必输无疑；格局过大，攻而难守，占而不固，终究失败。格局大小，要与一个人或组织的追求、战略和目标相关，也与其能力、实力和执行力相关，格局与之匹配，有利于发展取胜，格局不相匹配，结果不可收场。

俗话说“人穷志短”。从现实看，有人因为生存与生活所迫而气短，有人为了名誉与前途而妥协，但是不论遇到什么困难，理当守住志气。人生之路难免坑坑洼洼，面对所遇到的一切，不仅要看眼前胜败，更要思考未来前途，只有挺得住当下，才能享得了未来。如果因为当下贫穷而志短，那怎样面对未来的人生呢?

“成小事靠朋友，成大业靠敌人”，有道理。不管是就业，还是创业，初期都离不开朋友、亲人的帮助；即使失业、碰到小挫折，也同样需要朋友、亲人关照。但要想成就大业，仅靠朋友、亲人帮忙是无济于事的，而要靠来自竞争对手的压力与打击，历经各种压力与打击，才能使自己的抗压能力、抗风险能力越来越强。

当你控制不了消费欲望时，务必记得努力赚钱；当你觉得赚钱不易之时，务必记得勤俭节约。赚钱与消费讲究的是进出平衡，那些借钱消费、提前消费的做法实在不该，即使出于无奈，也要考虑如何赚钱补上窟窿。就算是投资办企业、做生意，也要提前做好防范，以免到了走投无路之时，后悔当初没有留下后路。

有人摆政治格局，唯名唯上而设；有人摆经济格局，为利为效而设；有人摆社会格局，为义为情而设；有人摆小家格局，为安为舒而设。不同的人或不同的组织，一般会根据自身需求摆设格局，而很少顾及他人利益与需求，这样的格局经不住变化的考验，能按“互惠共享，合作共赢”来设，才是具有生命力的格局。

人人都梦想成功，其中不少人梦想快速成功，于是，他们挖空心思地寻找捷径、探求速成门道，可由于持投机心理、根基不扎实，结果不但不成功，而且到处碰壁，然后，有的人在碰壁中醒来，有的人在碰壁中失去信心，有的人在碰壁中走向深渊。其实，任何人做任何事，都不能追求速成，只有不懈努力，才能梦想成真。

世界很大，想办法找到自己的位置，不要成为游离分子；组织很多，想办法扮演好自己的角色，不要成为多余的人；事情很多，必须要完成自己的工作任务，不要成为混日子的人；道路很多，必须选择适合自己的发展之路，不要站在十字路口阻碍交通。要懂得三省吾身，敢于剖析自我，善于辨析是非，沉着理清思路，坚持不懈努力。

一个人能否成就大事，要看其内心是否强大与包容，是否充实与丰富，是否经得住打击与考验。一个团队能否成就大事，要看团队是否团结一致，团员是否自愿奋斗，是否经得住外界的引诱与挑拨。切记，要想成就大事，必须牢记“吃得苦中苦，方为人上人”的道理，经得住过程中所有痛苦，才有可能获得成功。

为什么有人贫穷、有人富裕，有人平凡、有人出众，有人失败、有人成功？这些问题与命运无关、与资本无关、与人脉无关、与出身无关，而与自身定位相关、与努力程度相关、与聪明程度相关，特别与智慧和境界相关。可以说，智慧决定一切，智者胜过一切，要想富裕、出众与成功，必须让自己获得智慧、成为智者。

要想改变他人，先要完善自我；要想团队强大，先要自己有为；要想赢得追随，先要自我奉献。否则，一切都是空想，都是奢望，都是浮云。人人都有追求目标，都想有所作为，都想体现价值，如何才能实现？关键要看自己。只有自我完善、增强信心、敢于实践、善于奉献，才能感化团队、赢得人心、获得追随。

任何事都需要人去干，需要有能力的、认真干事的人去干，不然，好事没有好结局。能不能干实事，能不能将事干好，能不能取得成绩，不是靠吹牛拍马，不是靠混混日子，而是靠努力学习、不断思考、积极工作、勇于冒险、敢于创新。要想实现美好生活，必须靠自己和团队不懈奋斗。

吃喝拉撒是生存的基本条件，柴米油盐是支撑生存的基本要素；居住、出行、教育、医保是生活的基本条件；希望、期待、梦想、寄托是支撑生活的基本要素。从生存到生活，需要诸多条件与要素支撑，缺少任何条件、要素都会威胁生存、影响生活。为了平安生存、为了美好生活，必须好好准备基本条件与基本要素。

一个人的成功，不是凭空的，也不是天赐的。今天的成功，是昨天的付出，是前天的努力，是去年的艰辛，是前年的创新，是年轻时的拼搏，是少年时的奋发。一个人的观点，不是偶然的，也不是编造的。今天的观点，是昨天的思考，是前天的总结，是去年的提炼，是前年的铺垫，是年轻时的主张，是少年时的期待。

身累可以休息，心累可以散心，身心疲惫怎么办？要么主动放下、放弃，要么增强抗累抗压能力。很多事，想拿起很不容易，想放弃更不容易，不可能想拿起就拿起、想放下就放下。如何让不容易变为容易？在拿起的时候，必须思考再三，必须慎重行事，一旦拿起，不要轻言放弃，必须坚持奋斗，必须努力拼搏。

“累”是一种压力，也是一种动力，适度的劳累、适当的压力，是进步的需要，如果感觉很累、特别累，那是一种非正常的信号，可能给身心带来很大的压力，很容易将人压垮、压倒。“累”是对抗压能力的检验，是对坚强、成才、成功的考验，只有经得住考验，才能成得了大器。

不要问得到什么，先要问奉献什么；不要问拥有什么，先要问做过什么；不要问想要什么，先要问留下什么。一生不仅要考虑想要什么、想做什么，而且要考虑准备付出什么、希望留下什么，这些问题搞不清楚，想也白想、做也白做，最后回忆起来，一生空荡缥缈。为了留下美好回忆，必须刻下光彩印迹。

精神是前行的动力，信仰是精神的支撑。一旦确定了心中的理想、信念与信仰，必须做到忠诚、坚持追随、努力奉献。在短暂的人生中，能够选择正确的信念与信仰，也是无上荣耀，既然作出选择，绝不可三心二意，即使遇到曲折与风险，也理当无怨无悔。尽管过程曲折，也必须忠诚捍卫、追随到底。

年轻人不论未来想成为什么了不起的角色，都得从好好学习、积极工作、健康成长做起；都得从照顾自己、培养自己、锻炼自己做起。只有努力让自己成为健康、积极的有用之才，才有能量为他人、为社会、为国家作贡献，才会获得追随、受到拥戴，才能成为一个真正了不起的人。

赚钱的时候一起开心，亏本的时候共同担忧，彼此之间互相信任，面对困难增强意志，这样的团队才有生命力、战斗力与凝聚力。办企业难免有三长两短，不要因事业遇挫而暗中拆台，不要因个人利益受损而翻脸无情，不要因环境变化而各奔东西。齐心协力，前途光明。

物质上贫穷，大多数人自己知道，知道有差距，就会去努力，努力之下也会进步；精神上贫穷，大多数人自己不知道，不知道不足，就不可能去努力，如果不努力，那就永远贫穷。在瞬息万变的社会里，如果不知差距、不愿努力、不求进步，就会被社会所淘汰、被时代所抛弃。为了物质与精神上富有，必须努力向上。

人在物质上可以贫穷，但精神上不能贫穷。如果物质上贫穷，可以通过不断努力富起来。如果精神上贫穷，需要立即注入正能量，需要找到正确的信念信仰，否则，很容易走歪门邪道、很容易搞违法乱纪、很容易走向深渊。物质贫穷与精神贫穷的根本区别在于：物质贫穷可以慢慢富起来，精神贫穷要抓紧注入精神动力。

天下之事很简单也很复杂，简单与复杂是相对的。很简单也许是因为无知，也许是因为全知；很复杂也许是因为似懂非懂，也许是因为略知皮毛。简单或者复杂，与知识相关、与能力相关、与实践相关、与智慧相关，为了将复杂的事变得简单，必须不断学习、努力实践、提升能力、完善自我。

会讲话是人的基本能力，但是，基本功扎实、功底深厚的人并不多。讲得很动听，让人听了是享受；讲得有艺术，让人听了很舒服；讲得有道理，让人听了有启发；讲得有礼貌，让人听了没意见；讲得很真诚，让人听了很感动；讲得有智慧，让人听了很受教的人并不多见。要想练就好口才并不容易，需要一生不懈努力。

我们喜欢把听话的叫“好孩子”，把不听话的叫“野孩子”；“好孩子”长大后不一定都有出息，“野孩子”长大后不一定都没出息；“好孩子”大多追求稳定，“野孩子”大多敢于冒险；“好孩子”可以成为盛世良才，“野孩子”可能成为变革英豪。不管是“好孩子”还是“野孩子”，只要有真才实学，就会有光明前途。

做任何事、办任何业，都要做自我评估，如果自己觉得气量、能力、魅力和实力不足，请不要轻易试水，否则会带来忧愁与痛苦。俗话说“有多大胆量，打多大炮仗”，心中有数方可有条不紊，心中有谱才能步步为营。人生不是试验品，时间、精力、机会经不起折腾。

每一段经历都是阅历，每一次阻障都是考验，每一回打击都能历练。看清了、想通了，也准备好了，就会正确面对考验、坚决克服阻力、敢于斗争到底。遇事不可怕，怕的是失去信心，困难不可怕，怕的是不敢面对，窘境不可怕，怕的是自我放弃。只要自己内心强大、信心十足，就能踏平坎坷走向成功。

一路走来，有很多坑坑洼洼、磕磕碰碰、跌跌撞撞，也许是考验人、历练人、促进人的成长与成熟，也许是折磨人、击败人、摧残人的意志与信心。不管过程中遇到什么，都无法回避，只能面对。能过的叫坎坷，过不去的叫终结，不愿轻易终结的人们，只能奋勇前行。

人人都有崇拜的偶像，如果仅仅为了崇拜而崇拜、为了跟风而崇拜、为了凑个热闹而崇拜，这样的崇拜不仅盲目、更是胡闹；崇拜偶像是为了给自己找个目标定位，立志以偶像为榜样，通过不懈努力，未来成为他人的偶像。“与其崇拜偶像，不如做好自己”，崇拜偶像是为了激励自我，做好自己才会让崇拜价值升华。

为什么会出现盲目崇拜？因为自己无知而别人有智，因为自己平凡而别人走红，因为自己弱小而别人强大。每当你崇拜别人之时，必须自查、自纠、自问、自思、自悟、自省，必须自练、自信、自修、自强；必须提高水平、能力、素质、实力、情商和智商。既要避免盲目崇拜，又要努力将自己历练成被人崇拜的偶像。

要想成就人生，首先是自己充分利用有效时间，其次是得更多人支持你、关照你、追随你。如何才能赢得支持、关照、追随？关键看你的素质、能量、实力、人品、事业与魅力，只要被他人认可、被大众认可、被社会认可，你就会成为值得支持、值得关照、值得追随的人。要想成就人生，必须从完善自我开始。

劳动者到底为谁工作，为谁卖力，为谁奉献？并没有明确的答案，也不是一成不变。因为，每个人的思维与精神境界不一样，每个人的目的与目标定位不一样，每个阶段的现状与发展方向不一样，每个人的身份与责任意识不一样。但不论众多的条件是否一样，作为一位劳动者，必须积极工作、努力奉献。

创意见证智慧，创新奠定未来，创业实现梦想，创造体现价值。为了实现人生价值，很多人在努力，但是，真正有智慧的人不多，真正善于创新的人很少，真正创业成功的人微乎其微，真正跨入创造门槛的人肯定是凤毛麟角。要想成为凤毛麟角的人物，不仅需要百倍努力，而且要做到目标明确、人品可靠、坚持不懈。

有想法不一定有做法，有创意不一定能创新，能创新不一定会创业，会创业不一定能成功。从想法到成功路途很长、距离很远，能完成全过程并走向成功的人并不多。虽然创业成功会带来名利，但梦想成功的人，千万不能全凭功利心去做事，不能急于求成，更不能投机取巧，而要脚踏实地，努力走好每一步。

与思维方式不同的人交往，会很痛苦；与思维能力不同的人共事，会很辛苦；与思维模式不同的人打交道，会有矛盾。如何寻找思维相似、理念一致、志同道合的人共事？靠硬找不行，而要靠缘分去大浪淘沙，要么去追随自己认可的领导者，要么提升自我人格魅力，去吸引认可自己的追随者。

有时候需要寄托于希望，憧憬未来会令人激情澎湃、心血来潮，可能造成冲动的行动；有时候需要回归到现实，面对现实叫人朴实生活、勤奋工作，可以减少冲动的损失。人不能没有希望，也不能忘却现实，尽管希望很美好，但是现实很残酷；希望往往停驻在嘴上、在脑里设想，现实总是逼你冷静思考、不懈努力。

“希望”是人们积极进取、奋发图强、努力奋斗的根本动力，但是，现实与希望之间永远有一段距离，就是因为这段距离，导致有人误将希望当成现实，而沉醉于希望之中，过着优哉游哉的生活，最终被社会所淘汰。人人都需要希望，一旦失去希望，就会失去生存的意义；但人更需要面对现实、珍惜当下。

斗，你死我活；争，两败俱伤；和，皆大欢喜；合，共享共赢。历经战争、动乱和无序竞争时代的人们，谁不祈望平安发展？要想平安，必须求和；要想求和，必须真诚；要想发展，必须合作；要想合作，必须诚信。如何实现合作共赢的目标？要求参与合作的每一方，必须真诚待人、诚信为事、坦诚合作、奉献自我。

在努力奋斗的路上，总觉得成功就在眼前，但常常是看得到而够不到，正是因为只差一点点，才激励着人们不懈努力；努力之下不一定就会成功，特别在失败的时候，会带来痛苦与伤悲。正因为有诸多失败案例，令很多人生畏而却步。其实，人生在于过程，过程在于努力，曾经努力奋斗，即使不能成功，也是无悔人生。

不论做什么事，人是第一要素，如果没有人的努力，一切都将落空。但是“人定胜天”也要遵守客观规律，否则，不管怎样能干与拼搏，都会失败，就算动员所有力量去努力，同样难以成功。要想成就大事，不仅要发挥主观能动性，更要遵守客观规律、遵循天时地利。努力奋斗是成功的前提，遵道顺势是成功的根本。

思路不是靠凭空想象、头脑风暴决定的，而需要案例佐证、推理认定和逻辑论证，更需要调查研究、反复推敲与实验证明。思路最终能落地，需要符合政策、法律与道德的准则，还需要技术、资金、资源、人脉、环境保障。思路可能是一个点子、一个设想、一套理论，能否真正见效，必须经得住实践检验。

人从不会说话到会说话是一种能力提升，从会说话到善于说话是一种水平提高，从善于说话到不随便说话是一种素养完善，从不随便说话到不愿意说话是一种境界体现，从不愿意说话到不会说话是一种能力衰弱。人的一种能力、一种水平、一种素养与一种境界在循环，但人生没有循环，只求砥砺前行。

有肚才而没口才，很难表达本意；有口才而没肚才，语言缺乏内涵；善思考而不善言，叫人捉摸不透；不思考而有口才，容易得罪他人。按理说，真正善思考、有肚才、有口才的人，算得上是人才，但现实生活中，三者兼备的人不多，三者兼优的人更少。与才相比，自知惭愧，吾当多学习、练口才、善思考，争取成才。

平时很随和，一旦遇事不顺心，总觉得心里像吊着东西、打着结，总是解不开、放不下、想不开，闷着很难受，发脾气更后悔。思想指导行为，行为不当，说明思想偏侈；素养主宰思想，思想偏侈，证明素养不高；智慧培育素养，素养不高，证明智慧有限。多读书，多交流，多思考，让自己成为一个有智慧的人。

经济篇

自由经济、计划经济、市场经济、融合经济、共享经济……都是时代产物；不同的经济政策、经济环境和经济格局，需要相匹配的运营模式，竞争、合作、融合……都是各种经济运营模式的具体表现，也是生产力与生产关系相互作用的具体反映，从历史角度看，任何经济模式都没有对错，存在总有道理。

淘宝改变了交易模式，微信改变了通信模式，支付宝改变了付款模式，滴滴改变了打车模式，共享单车改变了出行模式……这些模式改变，一方面是社会进步与生产力发展的表现，另一方面也证明了外行可以打败内行、创新能够引领时代的道理。以前的竞争对手是同行，如今打败巨兽的往往是跨界者。

俗话说："三百六十行，行行出状元。"随着社会进步与经济发展，一方面行业趋向细分化，越分越细、越分越多、越分越专，另一方面新生行业越来越多，而且行行都有高手、都有专家、都有状元。在这种环境之下，跨行投资很难，跨业竞争难上加难。除了紧跟时代，努力学习进步，当下并没有更好走的路。

搭平台、加平台、融平台、享平台已成了新型的运营模式，从发展趋势来看，平台经济将是促进未来社会发展的主导经济。平台经济主要体现共享与分享，就是共同拥有平台、共同享受平台，分享平台资源、分享平台成果。在共享与分享相融的环境下，人人要做到既不缺位，又不越位，发挥各自作用，享受发展成果。

在市场激烈竞争的环境下，由于同类或相似的产品层出不穷，市场上普遍出现供大于求的现象，即使是最好的产品，也需要努力营销。厂家或商家为了打开市场、扩大销路、实现盈利，必须在个性化、差异化上做文章，不仅要重视产品的质量、造型、功能与技术，而且要重视产品的包装、价格、品牌与服务。

培训机构良莠不齐，有的拥有雄厚的师资实力，也有的师资靠东凑西拼；有的具有前瞻性，也有的只会跟着玩；有的善于拓展专业市场，也有的只会混混场面；有的以顾客需求为导向，为顾客提供增值服务，赢得了更多忠诚客户，也有的以眼前盈利为目的，通过不当手段，获得自身利益。面对不同的培训机构，应该鉴别选择。

国内有大量培训机构，一旦有新政策、新战略、新模式出台，他们马上研究相应的培训方案、研究营销手段，未等到政策落地，就开始用新颖的内容、专业的手段，吸引一批批学员，他们是政策的传播者，也是受益者。先知先觉是非常重要的事，最先行动看到商机，才能占尽先机，有了先机，在市场上就能遥遥领先。

新时代，是追求永续发展的时代，是追求文明进步的时代，是追求美好生活的时代，是追求天人合一的时代，是追求共享共赢的时代。在新时代，可以引领、可以参与、可以随流，但不可以回避、不可以倒退、不可以唱反调。新时代有主旋律，学会知其音、融其中、合其拍，才能跟上时代步伐，成为新时代弄潮儿。

边际效应与边际风险相对等，边际的两边或多边之间的效应与风险也相对等，人与人之间的合作、交际、加盟关系，或是人与人之间的亲情、友情、爱情关系，都有可能带来边际效应或边际风险；特别是一旦出现边际风险，很有可能产生多米诺骨牌效应，带来整体风险，殃及核心。因此，务必重视边际防范工作。

什么是休闲农业？以种植养殖为基础，以加工、物流、品牌为前提，以休闲为内容，以旅游为手段，以城市居民为目标，将休闲与旅游相结合，促进第一、二、三产业融合发展的新业态。休闲农业是贫困地区脱贫致富的重要法宝，是实施乡村振兴战略的具体措施，是全面建成小康社会的助推器，发展休闲农业，势在必行。

如何发展休闲农业与乡村旅游？不能唯上、不能唯下，而要做整体布局、总体规划，实现区域互补、条块衔接、点线结合；既要符合上级精神，又要贴近乡村实际；既要发挥地方特色，又要结合产业优势；既要倡导农旅相结合，又要主张差异化发展；既要营造投资项目，又要吸引工商资本、吸引城市居民。

自从党的十九大提出“实施乡村振兴战略”，全国就掀起了休闲农业与乡村旅游新高潮，纷纷推出各类休闲农旅项目，吸引外出人才回乡投资，工商资本流向乡村。各地纷纷打响特色休闲农旅、度假、疗休养品牌，提出全域旅游、全息旅游新概念，吸引全国乃至全球游客，为全面建成小康社会奠定良好基础。

什么是绿色发展理念？不同行业、不同阶层、不同角度，有不同解释，归纳起来分五个方面：一是指天蓝、山青、水绿、空气清新；二是指环保、安全、节省能源、节约资源；三是指可再生、可循环、可持续；四是指温馨、舒适、安心；五是指和睦、和谐、和平。只有理解绿色发展理念的真谛，才能推进社会经济发展。

同样的时代背景，同样的经济环境，同样是认真学习、积极工作、努力奋斗、艰苦创业，为什么有人大获全胜，有人却一无所获？为什么有人成为时代典范，有人却跌落谷底？这不是学识、能力、智商的差距，而是目标与决心、设想与恒心能否匹配的结果，相匹配者成功，不匹配者失败。

研究政策的人不一定懂执行，执行的人不一定懂政策，政策与执行容易变成两张皮，原因是搞政策研究的人大多是高层，他们很少接触到基层，很难了解具体情况，很难掌握实际问题；具体执行的人，由于解读水平与工作能力有限，很难将上级精神全面执行到位。面对此问题，急需中间力量来承接。

2017～2019

机 遇 篇

机会对每个人来讲都是平等的，为什么有人把握机会、获得成功，有人却让机会流失呢？这不仅与各种准备相关，更与缘分相关。缘分是指条件的聚合，也叫缘起，如果人、事、物、时、空等条件没有聚合，那么最好的机会也会流失。可见，要想获得机会，首先要做好准备，关键要看缘分，每当缘起之时，机会就会来。

这是一个资源共享、平台共享、数据共享的时代，整合资源、挖掘资源、搭建平台、融入平台、汇集数据与利用数据，是证明资源、平台与数据共享的关键。在当下的共享时代里，只有参与共享、获得共享、融入共享，才能保证生存、保障生产、促进发展，如果谁与时代格格不入，与共享相违背，就容易被社会淘汰。

能不能获得机会，主要看有没有缘分，因为机会与缘分相碰才是机缘。缘原本指条件，缘起指条件的聚合，缘分就是条件准备好了，等候机会到来，所以，人与人相聚、人与事相遇，都是一种缘分。机缘有偶然的成分，那些凑巧的结果，只能说是运气好；机缘更多是必然的结果，就是准备好条件等候机会来临的结果。

机会是有人想到有人未想到，有人看到有人未看到，有人出手有人未出手，有人得到有人得不到的结果。机是时机，会是聚合，机会是指在某段时间与某个空间相聚的瞬间，谁能把握这个瞬间，结果就属于谁。从变化与发展的角度看，每时每刻在每个空间，都会产生不同的机会，如果没有把握住，机会将与你无缘。

人与人之间，有时需要亲密，有时需要距离，有时要加强联络，有时要适度疏远；亲密增进关系，距离带来想念，联络加深情感，疏远促进牵挂。人际关系亲疏与距离近远没有关系，而在于情感基础；人际关系好差与地位差别没关系，而是在于友情基础。也许情谊会因地位或距离变化而变化，但真正的关系由情缘基础所决定。

缘是客观条件，缘起是客观条件的聚合，缘分就是客观条件在特定环境下的具体表现。有没有缘，要看客观条件是否支撑；有没有缘起，要看客观条件与各种要素是否汇聚；有没有缘分，更要看客观条件在特定的天时、地利、人和之下，有没有显现。可见，有缘才会缘起，缘起才能结缘。

等待并不一定都错，主动并不一定都对，关键要看在什么时候等待，对什么事情主动。消极并不一定不好，积极并不一定就好，关键要看在什么时候消极，对什么事情积极。不论是等待还是主动，不论是消极还是积极，都要因时而定、因事而议，不可一概而论。待到时机与条件成熟之时，理当主动出击、积极面对。

人生活在社会中，社会各种环境变化很有可能直接改变人的命运；人有亲友，家人、亲戚、朋友很可能直接影响人的前途命运。其实，能留给人们主动把握的空间、权利与机会很小，因此，我们务必积极、主动、努力地把握好每个空间、权利与机会。生命短暂，时间有限，我们要在有限的时间里努力创造灿烂的生命。

人与人的相识、相交、相知与相融，不能靠单方面的私想与追求，而要靠双方、多方之间的机会与缘分，读懂机遇、珍惜机遇、融合机遇，缘分自然而成，一旦缘分生成，关系就会升华。凡是想进步、想成就事业的人，不仅要靠主观努力，还要主动参与活动、营造场合、寻找机会、惜守缘分。

站位高，才能看得远，有胸怀、有远见、有战略，才能干大事、成大业；站位高，不仅要读懂天时、把握趋势，也要看清地利、悟通人性；站位高，不仅要有理论功底、政策水平，也要接地气、懂风俗；站位高，不仅要吃透精神，更要重视落地、重视执行。站位决定前途，执行决定命运。

跳越思维、逆向思维、换位思维，不仅是对传统思维、顺向思维、本位思维的挑战，更是对认识论、方法论、辩证法的挑战。在技术、市场、模式、机制、需求千变万化的时代，单凭传统的渐进或顺向思维，很容易被市场淘汰；固守小农的本位或独享思维，很容易被社会抛弃。新时代产生新思维，新思维谋划新发展。

一般来讲，关系是关系，信任是信任，关系是信任的基础，没关系谈不上信任，但有关系也不一定信任；大多数的关系建立在血缘、姻缘、机缘的基础上，没缘就谈不上关系。但是，有一种关系叫单向关系，是人们对公众人物、领导者的认识与认可，尽管被信任者不认识信任者，但人们因为认可而信任，因为信任而追随。

机会藏在困难、问题与意外之中，面对困难不要担忧，而要努力克服，在克服困难过程中，可能会冒出机会；面对问题不要回避，而要设法解决，在积极面对之中，可能会产生机会；面对意外不要害怕，而要树立信心，在坦然面对之中，可能会出现良机。人生难免遇到困难、问题与意外，树立信心、排除万难，才能前程无阻。

危机是指严重地威胁到生存的关头。如果将该词拆分为两个字，危是指危险、机是指机会，是说在危险、危难的时刻，可能会出现转机。从表面看，是指运气好，其实不然，当一个人、一个企业、一个组织或一个国家遇到危难时，必然挖掘一切力量去挽救，由此出现转机与良机。

很多人在讲概念、玩概念、做概念，不知不觉中概念成了时代热词。概念做得好，会颠覆认知；主题玩不好，会使虚的越变越空，会让实的走向绝路。思考、讲话、做事与发展都需要概念引导，但概念不是拿来玩的，也不是用来空讲的，而要将概念落到实处、变为现实。

2017～2019

反思篇

做人要学会自我检讨、自我检查、自我检定，如果做错了事，应该承认错误，平时要主动检查自己，要对自己行为的对与错做检定，对的继续努力，错的及时修正，而不要明知故问，更不要破罐子破摔。俗话说，浪子回头金不换，如果真的做错了事、走错了路、选错了业，只要认真检讨、检查、检定，一切都可以改变。

没有激情不行，太有激情也不行；没有理智不行，太有理智也不行。当理智与激情碰撞之时，或产生矛盾，或产生共鸣，或激情澎湃，或互抵相消；在理智与激情汇聚之时，看场合而应对，看对象而反应，看需要而表现，看目的而演绎。激情能够展示自我，理智能够塑造自我。

好与不好不是定数，而是变数，这些变数与时间、环境、事务、心境等相关。因此，碰到好事，要多想想不好的方面，多做些不好的预料，万一从好变不好了，也会经得起事实的考验；遇到不好的事，也要多想想好的方面，多做些好的设想，如果从不好变好了，也能接受意外的喜悦。

活着的人，总要经历不同环境，面对不同人物，思考不同问题；活着的人，总会碰到困难，总有情绪波动，总会发生矛盾；活着的人，因为受各种因素的干扰，免不了精神反常、态度异常、脾气无常。为了好好活着，为了成为强者，一定要控制情绪、理智面对。牢记：强者总是理智战胜情绪，弱者总是情绪控制理智。

实力讲究厚积薄发，如果没有反复历练、不懈拼搏、日积月累，那就不可能蓄得强大实力；实力需要博学智慧，如果没有不断学习、不断践行、不断思悟，就不可能修成博深内涵。因此，做人要懂得修、敢于修、善于修，当身、行、生、心、性、德、道修到一定层面与境界时，才能达到厚积薄发、厚德睿智之功效。

有些事重在结果，有些事重在过程，有些事既讲究过程又追求结果。到底什么事追求结果，什么事讲究过程？这不能一概而论，而要因事而定。什么事追求结果，什么事讲究过程，这不是一个学科问题，而是一个哲学问题，弄清这个问题，对事业、对人生都有一定好处。因此，请每个人引起重视。

要想有点出息，必须不怕苦累、不怕压力、不怕为难、不惜代价；要想有点奔头，必须不断学习、不断实践、学会大度、真诚奉献；要想有点成就，必须理清思路、设定目标、不断自省、努力拼搏。人生只有一次，生命不会重来，胆怯没有出息，蛮闯难以成功，只有将理论、实践、反省与坚持相融合，才有成功的可能。

做人要想未来、看明天、做今天，做事要想整体、看走势、做具体，办企业更要想战略、看市场、做管理。不论做人做事，还是办企业，一定要搞明白想什么、看什么、做什么，一定要搞清楚什么时候想、什么时候看、什么时候做。只有搞明白、搞清楚这些道理，人才能成就大事，事才能顺利开展，企业才能稳健发展。

每个人都有脾气，如果都凭脾气做工作、靠脾气拼事业、用脾气赌输赢，结果肯定是脾气越来越坏、工作越来越乱、事业越来越糟、人生越来越惨。脾气只是个性表现，所有的个性只能在维护共性的前提下存在，而共性又是社会共同认定与维护的规则，如果只讲究个性脾气，而忽视了社会规则，迟早会被社会抛弃。

每个人做每件事，都有明确的定位与目标，都会将主要的精力、时间和财力紧紧围绕定位与目标而努力。努力过程中，可能会碰到各种其他问题与矛盾，如果为了解决问题与矛盾，而偏离定位、放弃目标，那就会顾此失彼、得不偿失。故请牢记什么是主要目标、什么是一般问题，分清主次，方能成就大事。

有本事造势，没本事顺势，特殊人逆势。造势者有可能成功，也有可能失败；顺势者既能保成功，又能保平安；逆势而为者，大多以失败告终；偶有成功，也是因势而变。不同身份、不同能量、不同背景、不同追求的人，应该选择不同之势，只有天、地、人、时、势、道相融合，才能有可能顺利、平安、发展。

人需要有想法，更需要有做法，想法与做法不可分割，想而不做等于白想，做而不想导致乱做。只有将想法变成做法，才能证明想法是否正确，只有用想法指导做法，才能保证做法合理正确。可见，想什么对做来讲很要紧，想错了，就会导致做错事；做什么是对想的结果的证明，做错了，就能证明想错了。

路走累了，可以歇歇，还要回头看看曾经走过的路，特别要看看自己留下的脚印，就算是看不到、看不清，也不要轻易抹去印在脑海里、心田里的记忆。为学习、生活、工作、事业而奔波的人，当你觉得累的时候，请坐下来歇歇，要回头看看人生走过的路，好好反省、好好总结，可让未来的路走得更顺畅、更宽广。

在你当官掌权的时候，很难了解部下中谁是真正忠诚、谁又是阳奉阴违；在你走红得势的时候，很难了解朋友中哪位是真心知交、哪位又是溜须拍马。社会复杂、人心复杂，如果仅凭某个阶段中某些人的表现来下结论，那么结果肯定错误；社会在变、人心在变，如果不多留个心眼去看清人性本质，那么结果肯定失望。

既有想法，又有办法，还要有做法，才会有好成果。如果仅有想法而没有做法，等于白想，如果有办法而没有做法，等于没用；如果没有想法，就没有好的办法，更不会有好做法。如果不思考、不研究，只会做事，结果要么将事做砸了，要么事倍功半；因此，做任何事，先要深思熟虑，再要具体研究，然后执行到位。

那些快速盈利、速投速发的基金、股票、期货、生意，几乎都是人为编造的故事，每当有人给你讲故事的时候，一定要鉴别真伪，即使是真的，也要多问几个为什么：你们是特别的亲友关系？是你现在对他有用、过去对他有功，还是未来他需要你？如果都没有，就不要有侥幸心理，否则定会吃亏上当。

谁不想快速致富？但速成的概率微乎其微，偶有快速上位或大发横财的，几乎是好景不长；那些看起来一夜暴富、一飞冲天的人，其实是他辛勤苦练的结果，偶有中大奖的现象，只是万分之一。不要异想天开，干好该干的事，过好该过的生活，才是做人真正的道理。

人可以自我提升，而不可以自我抬举，人可以自我评价，而不可以自我高估，人可以自我完善，而不可以自吹完人。人生途中，生命有终点，而水平提高没终点，成长有时间，而空间发展无止境，自我有限度，而社会高人到处有。人生可以不断提高，而没必要与他人比高低，人生需要自信自强，而没必要与人争强弱。

人的烦恼与压力大多是自找的，因为想法多了、要求高了、追求多了，都会给自己带来烦恼；当想法能够落地、要求能够满足、追求能够达到之时，烦恼就会变成喜悦，压力将会变成动力。可是，喜悦之余，又会有新的想法、新的需求、新的追求，又会带来新的烦恼与压力。

一个人想做成任何事，除了有思维、有理念、有追求、有欲望、有战略之外，还需要自身综合要素的支撑，特别是个人的身体、精力、心情、能力、水平、威望、实力、人脉等，如果缺少其中某些要素，肯定会影响或阻碍事情的进展。所以，要想做成一些事，务必首先做好各要素的准备。

有人说赚钱真的很难，有人说赚钱不是目的，有人说赚多少钱没什么意义。对钱的需求不一样的人，其定位不一样，定义也不一样。同样是钱，为什么说法不一样呢？这不仅与其本人的需求、目标、追求相关，也与其本人的处境、基础、资源、能力、地位相关。金钱观，真实地反映一个人对需求的态度。

可以说，人人都有资源、人人拥有资源，但是很多人并不知道自己拥有什么资源、拥有多少资源，于是有人捧着金饭碗去“要饭”。但资源不是一成不变的，也不是恒值的，而是具有时效性、区域性与社会性，如果不及时利用，有可能造成资源浪费。故请珍惜资源，充分利用资源。

明知“细节决定成败”，但很多人还是喜欢摆大格局、讲大道理、花大价钱，而对细节、环节、小事不屑一顾，结果因小失大、因点失面、因小利而失大义。一砖一瓦筑成高楼大厦，一字一句构成长篇大作，一点一滴汇成江河湖泊，因此，不论干什么大事，如果忽视细节、环节或小事，结果必将以失败告终。

“人无远虑，必有近忧”，这不是一句空话，而是血淋淋的教训。任何人做任何事，如果对未来看不准、看不清、看不透，如果没有可行的发展战略、整体规划、实施方案和具体措施，仅仅凭着良好的感觉、凭着走一步看一步的心态，“摸着石头过河”，那么轻则头破血流，重则倾家荡产。切记！切记！

做任何事都有目的，如果不知道做事的目的而盲目地去做事，如果不知道做事的结果而只是因为上司吩咐而做事，那么，这样的人永远干不好或干不成一件事。可以说，盲目做事的人，或盲目执行的人，实际上是缺心眼、缺思考的人，如果将事交给这样的人去做，那么不但浪费资源与时间，而且会带来后患。

吃不饱乏力，吃太饱有压力；没事干无聊，事太多麻烦；没有业务担忧，业务太多担心。人、企业都一样，都会遇到此类的困难与问题。从理论上讲，可以采取有备无患、降低欲望、量力而行等措施，可事实上，人们偏偏希望“船到桥头自然直”，但往往事与愿违。天下许多事，初衷本简单，烦恼与痛苦，全是自拾之。

有人做事重视整体规划、分步实施；有人做事总是走一步、看一步。不同想法、不同做法，结果完全不同。前者既注重战略，又重视战术，既思考全局，又考虑细节，成功概率比较高；后者是“摸着石头过河”，到底成功与否，心中根本没数。同样是做事，为什么结果完全不同？值得思考。

有些是本职，有些是义务，尽义务的比做本职的更积极；有些是专业，有些是业余，搞业余的比做专业的更内行。做本职的小心拘束，尽义务的大胆无忌；做专业的谨慎规矩，搞业余的敢于创新。很多人、很多事，很难分得清楚什么是本职、什么是义务、什么是专业、什么是业余。其实，在跨行业、跨专业的时代里，有时不要认定非此即彼。

所有的经历都是一个故事，所有的故事都是一种经历。故事有悲有喜、有起有伏，也许悲喜、起伏、复杂、动听的故事，更会吸引观众的互动；但是，人们都希望听到悲喜、起伏、复杂、动听的故事，而不希望自己经历痛苦与忧愁、无奈与压力。共情别人的故事，施以理解，每个人的经历都值得被尊重。

不少人以为从小上名园名校、受名师指导，就能赢在起跑线，能给一生奠定良好基础，但其实很难说。人生过程中，时时都有起跑线，即使顺利跑完这一段，也会遇到新的起跑线；即使赢得这一场，也可能在下一场中失败；即使奠定良好基础，说不定又会碰到新的难题。因此，只有重视每一段旅程，才能真正赢得人生。

做人要爱憎分明，对家人要真爱、对朋友要真诚、对对手要真拼、对敌人要真斗。他们是谁，跟你是什么关系，必须先弄清楚，如果连谁是我的朋友，谁是我的敌人都分不清楚，那么哪来真爱、真诚、真拼和真斗？人生离不开亲人、少不了朋友，必须珍惜；一生回避不了某些对手和敌人，务必提高警惕。

做人应该有底线，包括文明底线、道德底线、伦理底线、法律底线，如果没有底线思维，或者守不住底线，这样的人就有危害。现实社会上，就有一小撮这样的人，为了满足个人欲望与利益，放弃所有底线，不择手段，妄图达到非法目的或捞取不义之利，这样的人让社会不太平。

为什么物质上贫穷？可能因为命运不济、身心不健、环境不助、智商不高、手脚不勤、潜能不足、贪欲不止、心思不一、决策不慎、心术不正。为什么精神上贫穷？可能因为缺少正能量、缺少目标、缺少希望、缺少信仰、缺少信心、缺少思考、缺少智慧、缺少情感、缺少社交、缺少奉献、缺少慈爱。

强者大多有个共同基因，就是他们具有战对手、占市场、想晋升、求发展的欲望；具有搭建团队、动员部下、配合上司、广交朋友、整合资源、协调关系的能力；更有本我、强我、利我、唯我的个性。按理说，欲望强、能力强、个性强的强人，应该具有相匹配的胸怀、气度与素质，否则，强人的成功，意味着灾难来临。

“一排篱笆三个桩，一个好汉三个帮”，任何强者都一样，在占领市场、累积财富、筑建事业的过程中，肯定离不开朋友、同事、合作者的支持或相助。为了成功的当下与未来，务必与人为善、以善待人，务必考虑或照顾相关方的利益，务必带领或支持相关方进步与发展。记得住曾经，享得了未来。

强者生存？适者生存？智者生存？到底哪句话正确？很难说。因为每句话都用不同角度，针对不同环境、不同时代、不同人群，表述不同观点。应该说，每个观点都有道理，但每个观点都不全面，因为所有的观点都具有针对性、局限性与时代性。如：战争时代强者生存；恶劣环境下适者生存；复杂背景时智者生存。

什么样的人叫强者？有人认为意志坚强、勇于拼搏、敢为人先、不怕艰险、奋发图强的人是强者；也有人认为那些霸道、凶恶、胡作非为的人是强者。前者受他人尊敬、社会推崇，后者是大众公敌、社会败类。强者，应该是榜样，是大众模仿的对象。所以，想成为强者，必须德才兼备，用实力服众。

如果不知自己已患病受伤而极力运动，结果肯定后患无穷；因此，人不仅要自我检查，也要定期体检，如果查出毛病，应该积极治疗、休养、调理。企业同样如此，也要经常自检或请第三方代检，如果查出问题，应该及时纠错、治理、完善，无奈之时，也得忍痛割爱、舍财保命，千万不可盲目发展，否则，自取灭亡。

健康概念延伸来看，包括社会、政治、经济、文化、生态、精神、道德、心灵等多方面的健康；健康是相对于疾病、伤损、不健康、亚健康而言，如果对某个人群、某个组织、某个事物等对象提出健康的需求，说明这个对象出了问题，作为被查的对象应该马上自查自纠、对症下药。

力不从心的状况，几乎每个人都会遇到。有时是因为欲望高、想法多而力不从心，有时是因为体质差、水平低而力不从心，有时是因为没实力、没能力而力不从心，有时是因为缺靠山、缺团队而力不从心。总之，力不从心的状态，是每个有梦想、有追求、有欲望的人都会有的。若感到力不从心，敬劝量力而行。

如果你在讲对话、走对路、做对事的时刻飘起来，自以为有水平、有能力、有智慧，自以为是、自我膨胀，结果肯定一败涂地；如果你在说错话、走错路、做错事的时候消沉，不停自责、不停后悔、不停忧伤，结果终会一无是处。一生中讲过的话、走过的路、做过的事很多，对错都正常，坦然拾得幸福。

一生中讲过的话很多，但决定命运的话，也许只是关键时候的两三句；一生中走过的路很多，但决定命运的路，也许只是关键时候的两三步；一生中做过的事很多，但决定命运的事，也许只是关键时候的两三件。到底哪两三句话、哪两三步路、哪两三件事决定命运？很难说。一切靠自己时常注意、做好准备。

如果说上苍分配给每个人的有效时间都一样，那么能否取得成绩、获得成功，全靠他是否充分利用，能否努力拼搏。每个人的学习、努力、深耕、精作、真心、思考、反省、钻研、苦练、诚信、积德等都是走向成功的条件。如果顺天而为、随势而行，就会有所收获；如果与天相悖、与地相违，那么一切都会变成浮云。

包容是一种气量、一种胸襟、一种格局、一种境界，懂得包容不容易，学会包容不容易，做到包容更不容易。在生活、工作、社交过程中，会碰到令人生气、尴尬、为难、无奈的人与事，面对各种窘态，要么选择包容，要么选择拒绝。如何选择？自我平衡，凭能而定。

一生中的有效时间是由无数个碎片时间组成的，如果不重视碎片时间、不利用碎片时间，那么有效时间就会悄悄地溜走。如何将碎片时间串起来，变成学习、生活、工作、修身、养心、研究等的有效时间？没有标准、没有良方，只有靠自珍与自省。珍惜时间，就是珍惜每个人只有一次的生命。

一个人就算活到一百岁，也只有三万六千五百天，除去休息、病老、游玩娱乐、吃喝拉撒的时间，能够用于学习、工作、事业的有效时间顶多三分之一，在短短的一万多天的有效时间里，能够干多少事？放在历史里、放在社会中，更几乎是沧海滴水。人生短暂，有效时间更少，充分利用有效时间，也许会有一点成绩。

任何人都有选择自己职业的权利，不管如何使用，都不允许偷懒；任何人都有创新的权利，不管如何使用，都不允许与人道相悖；任何人都有投身创业的权利，不管如何使用，都不允许欺骗消费者。权利与责任是对等的，一旦拥有权利，就要牢记责任；权力有限，适可用之。

前瞻性的思维可以引导一个企业、一个行业、一个产业、一个区域乃至全国、全球的发展与变革。前瞻性思维被认可、被传播与被推行，与倡导者的地位、威望、影响力和人格魅力等条件相关，如果缺乏支撑条件，最前瞻性的思维也会变成泡影；拥有前瞻性思维的人很多，想法真正能够落地的却很少，原因就是缺乏支撑条件。

从战术思维来看，有是有，无是无，虚是虚，实是实，真是真，假是假；从战略思维来看，有即是无，无可生有，虚可变实，实可化虚，真中有假，假中有真。孰对孰错？与思维相关、站位相关、层面相关。如果不在同一思维、同一站位、同一层面上去认识问题、思考问题，谁对谁错、谁是谁非，永远讲不清楚。

任何人做任何事，都要给自己留一条路，如果将事做绝了，可能会断了自己的后路。每个人都有自己的路，只有走好自己的路，才会越走越宽、越走越远；如果总想占别人的道、挡别人的路，那么自己的路会越走越窄，直至无路可走。做人既要想想自己，又要想想别人，不能总是盯着他人是非，否则会制造矛盾。

台风过后反思之一：人力不可能抗得了台风，唯一办法是将低洼地带、风口、海边、江边、溪边、山边及容易发生地质灾害地带的人们撤离到安全地带。在财产搬迁不易的情况下，人身安全是第一要事，“留得青山在，不怕没柴烧”，面对天灾，躲过是福。灾难面前，身外之物只是浮云，活着就是希望。

台风过后反思之二：台风过境之前，百姓往往关心台风在哪里登陆，而忘了受强台风压缩后的云团会带来大暴雨。一般来讲，台风越强，云团越厚、越集中，瞬间降雨量越大。常居较危险地带的人们，应该知道这个常识，提前做好防范，听从政府指挥，及时撤到安全地带。

台风过后反思之三：台风暴雨是天灾，天灾难避、实属无奈，但除天灾之外，有些灾害是否与人类筑路、围垦、拦坝、采矿、改道等工程相关？值得思考。人类在改造自然的过程中，不仅要追求进步与发展，也要遵守自然规律、注重生态平衡，要科学规划、合理开发，少一点人为隐患，多一些平安幸福。

人生最大的资本不是能力、资金与资源，而是时间。只要有时间，可以锻炼自我、提升自我，利用时间就可能有能力，有能力可以获得资金，有资金可以有资源；如果没有时间，一切都是空想，一切都是奢望。时间就是生命，时间就是金钱，时间成本就是机会成本，没有了时间，就等于没有了生命，等于一切都是空想。

走错一个路口，需要花很多时间走回头路；讲一个谎言，需要无数个谎言来圆场；做错一个决策，需要花大量精力与财力去挽救。人生就像一次旅行，如果多走了冤枉路，就会伤及元气；如果拼命打圆场，就会折损人生；如果把太多时间花在挽救上，人生中就会减少选择与机会。

人不能不自信，不自信的人意味着缺乏后劲、缺乏竞争力，意味着对他人不负责任、对自己不抱希望；不自信的人，大多几乎没有前途。人也不能过分自信，过分自信的人可能高估自我、自以为是、骄傲自满，过分自信的人，大多很容易出事。人既不能不自信，也不能过分自信，适度做人、适当做事。

有与没有，知与不知，有时是一回事，有时是两码事。本来有而不知，说明知识有限、智慧不足；本来没有而说自己知道，证明其人品有问题。切记："知之为知之，不知为不知，是知也。"知不足而发愤学习才能进步。谦虚，虚怀若谷，虚心请教自己不懂的问题，久而久之，不知也会变得自知。保持求知的心态，才能不断进步。

很多人有目标、有志向、有理想，总想干成一番大事，但是，干大事需要经验、阅历、专业、能力、水平、实力、团队和多方资源，如果自身根基不扎实，那就很难驾驭局面与趋势，很难解决问题与困局。搞不好会在曲折的过程与意外的变化之中轰然倒下。人贵在有自知之明，尽量做到量力而行。

多数人的欲望远远超过自身的能力，当自身能力无法支撑现实欲望的时候，唯一的办法是减少欲望。欲望是动力，有欲望的人会自觉挖掘潜力，逼着自己努力奋斗；欲望是魔鬼，欲望高的人容易走火入魔，逼着自己走向绝境。人需要欲望，更要控制欲望，既让欲望引领自己前行，又要防止被欲望带入深渊。

任何一个人的能力、精力与时间都是有限的，如果什么大事都想干、什么小事都想管、什么好事都想要，那么任何事都干不精、管不好、要不了。面对诸多大事、小事与好事，应根据自己的能力、精力与时间，有选择地干些力所能及的事。每个人都是自己时间的主人、是自己事务的主人，千万不要因为欲望而丢了做主人的权利。

语言表达是社交的基础，从问候到自我介绍，从感谢到赞美，从认可到评论，从闲聊交流到表达观点，从工作汇报到路演演讲，从典型发言到工作报告，等等，都需要良好的口才，都需要敏捷的思维，都需要渊博的知识。如果口才、思维、知识三者互不匹配，那么，要么善说没内容，要么想说说不出，要么有话会乱说。

给你一双慧眼，让你看清这个世界。慧眼包括了慧脑、慧心、慧意、慧知与慧智，拥有慧眼的人，必能将知识、实践、思考与省悟相结合，从学习、实践、研究、思考和省悟中产生灵感、经验与智慧，再将智、心、眼、脑高度融合，用心探索世界、观察世界、认识世界、读懂世界、看清世界。

当物质不能满足生活需求之时，人们总是焦虑、烦恼与痛苦，总是千辛万苦、千方百计地努力拼搏；当物质基本满足或足以满足生活需求之时，人们仍然焦虑、烦恼与痛苦，仍然不断追求、不懈努力。到底是贪婪作怪还是精神空虚？到底是欲望太强还是理想太高？不论属何种原因，都要做到自我平衡与自我调节。

疼是疼，痛是痛，从字面分析，疼与痛的病因、表象与治疗方法不一样。疼是疒加冬，说明疼与冬（冷、寒、湿）相关，疼大多因天冷寒湿所致，寒气入侵导致气血不通、湿气过重而有明显疼感；痛是疒加甬，甬本意为甬道，可比体内经络、血脉，痛说明甬道堵塞，不通则痛。分清疼与痛，便于对症下药。

不少人因玩手机而患“手机病”：轻的得了颈椎病、眼涩病，重的患有慵懒症、依赖症。当下，患“手机病”的人越来越多、越来越严重，其实，多数人是明知故犯，为了减小患病概率，应该少玩手机。户外散步、健身、游山玩水，也是不错的休闲方式。放下手机，把时间用来陪伴重要的人，好好感受并享受生活本身。

身体出现异常，肯定有病有伤，有病有伤应当就医，得到医治才会康复；如果查不出病因伤源，就无法对症下药，很可能因病伤而死。企业出现异常，肯定存在问题，有问题矛盾必须解决，解决才有希望；如果不正视问题矛盾，就无法解决处理，这样的企业死路一条。人与企业一样，不怕患病，而怕有病不治。

在注重养生的年代，各种养生说法、吃法、练法、疗法层出不穷，到底哪种养生方法最有效呢？一般来看，从个人的实际出发，采取“综合养生法”，效果比较理想，就是：注重饮食均衡、注意适当运动、讲究劳逸结合、保持心情愉悦、参加社交活动、适度保健调理、培养业余爱好。

身体是根本，精神是核心，身体与精神相依相存、相融相合。身体欠佳则精神不振，精神不振则身体不适。体弱多病，就算精神可嘉，也会力不从心；精神空虚，就算身强力壮，也是虚度年华。良好体质配上可嘉精神，才是美好人生、幸福人生。愿每个人都能拥有好的身体和精神，去体验生活，创造更大的价值。

如何保证身体健康？养成良好习惯，注重生活规律；该吃的要吃，不该吃的不吃；该喝的要喝，不该喝的不喝；该走动时走动，该锻炼时锻炼；该站时不坐，该坐时不躺；该睡时睡觉，该起床时不赖床；该劳作时劳作，该休息时休息。只要做该做的，不做不该做的，肯定有利身体健康。

健康的身体从哪里来？来自优质的遗传基因，来自良好的生存环境，来自安全的生活保障，来自亲情的关爱呵护，来自自我的珍惜保护。在错综复杂的社会中，在千变万化的环境下，能健康生活、快乐幸福地过一生不容易，请务必爱护身体、注意安全、珍惜生命。从今天开始，从一点一滴做起。

2017～2019

管 理 篇

什么叫管理？理论上，管理是为了实现某种目标而进行的决策、计划、组织、指导、协调、实施、控制的全过程。管理是为了提高效率与效益；管理的核心是管理者，管理对象是被管理者与被管理的事。事实上，管理就是管人、理事，管理过程就是管好人、理顺事，为的就是充分调动与利用各种有效资源。

什么叫管理？弗雷德里克·泰勒认为：管理是确切地知道你要别人干什么，并使他用最好的方法去干。赫伯特·西蒙认为：管理就是进行决策。亨利·法约尔认为：管理是人类组织的一种活动，要素有计划、组织、指挥、协调和控制。斯蒂芬·罗宾斯认为：所谓管理是指同别人一起或通过别人使活动完成得更有效的过程。

管理过程中，一方面要有明确的岗位职责、任务目标，另一方面需要岗位之间、部门之间紧密配合、互相支持。管理既要分工负责，又要分工不分家；既要扫清自家门前雪，也要关心他人瓦上霜；既要互相帮助，又不可越俎代庖。管理过程中，处理人际在于妙，处理事务在于巧，精通巧妙，方能称为优秀管理者。

管理很简单，也很复杂，简单是在于管理者按标准化、程序化、规范化、模块化的模式执行，复杂是在于如何制定模式。管理过程可分为管理模式制定与管理模式执行。模式制定要从实际出发，学习理论和先进经验，将理论与实际结合，制定高效可行的管理模式；管理模式确定之后，必须学懂吃透、认真执行。

随着企业运营、变化与发展，管理内容、环节、范围和方式会不断发生变化，管理模式也要根据实际情况，不断进行调整、补充与完善。在执行过程中，如果发现管理模式存在过时、过死、过疏等问题，应该有针对性地反映、研究与决策，让管理模式升级，确保管理效率与效益改善。

企业管理模式与企业发展，犹如生产关系与生产力的关系。好的管理模式有利于执行、方便执行，能保证执行到位、执行有效，能保证企业稳定、促进企业发展；不好的管理模式不仅无法执行，还有可能影响员工积极性，影响团队和睦，影响企业发展。因此，要想企业健康发展，先要设计与制定一种好的管理模式。

管理模式好不好，要看是否从企业实际出发、是否适应企业正常运营与发展，要看能否将管理制度与程序执行到位、能否调动员工积极性。管理模式好与不好，不仅要看理论通不通，还要看实践行不行；不仅要看过程顺不顺，更要看结果好不好。实践出真知，适合企业发展的管理模式才是好模式。

一个正规的培训班，按理说与会对象算是高素质人群，但是，上课时却有不少人不停地玩微信、打游戏、打电话、闲聊……表面上看是某些学员的学风问题，其本质是素质问题，如果让这些素质低、纪律性差、缺乏责任心的人扮演某种重要角色，那么对党、对人民、对社会都是一种伤害，值得引起大家重视。

“资源整合，优势互补”是当下最流行的口头禅，也是商界公认的运作模式。表面上很多人认可并接受这种模式，但在资源整合的过程中，有人只想整合他人资源，而舍不得将自身资源分享；有人自身并无资源优势，很容易受到他人排斥。优势不一定保证互补，搞不好造成优势相克、劣势显露。

宏伟目标需要具体指标来支撑，发展战略需要详细计划来落实；各类经济指标需要产业、行业来支撑，各类工作计划需要岗职、任务来保证。从大到小、从近到远、从言到行，都要经得住推敲、经得起检验。做人不但要对当下负责，也要对未来负责，更要对历史负责，拥有强烈责任心的人，才有资格制定战略与目标。

作为管理者，应该有所担当。在日常管理中，如果发现管理过程有问题，首先要追溯管理者自身的问题，而不能将责任推给他人，凡有管理不到位、分工不明确、指标没细化、岗职有漏洞、考核不得力及人力资源不匹配等问题，一切根源就在管理者自身。正确认识问题，是抓好管理的根本。

每个组织都有自己的发展战略与美好愿景，但是，如果战略不能付诸实践，最好的战略也是空讲；如果愿景不能变为现实，最美的愿景也是幻想。要想实现战略与愿景，不仅需要一个强劲的领导班子，更加需要一支得力的战斗团队。只有上下同欲、目标一致、齐心协力，才能梦想成真。

执行者不论做任何事情，都应该明白具体的任务与指标，都要明确地了解目的与目标，绝不能稀里糊涂、随意应付，绝不能心中没数胆子大、遇到难题心里颤；不论执行什么工作任务，事先必须搞清楚“为什么、干什么、怎么干”，然后进行调查研究，做到心中有数、执行有序，而不能蛮干胡来，否则肯定事倍功半。

能否完成工作任务，不仅与工作能力相关、与岗位职责相关，更与认真程度相关、与敬业精神相关。如果缺乏敬业精神、工作不认真，即使能力再强也没有用。做事最怕不认真，如果将“认真”铭刻在心中、化作实际行动，肯定会圆满完成工作任务。世上无难事，只怕有心人，有志者事竟成。

哪些情况属于老板的定位错误？一是老板的行为与企业的制度、规程、模式不匹配；二是老板的格局与企业的实力、规模、行业不匹配；三是老板的理念与企业的文化、战略、目标不匹配。各种不匹配的现象，都是定位不正确的表现，各种不匹配的结果，都会引发管理不规范、文化不统一、目标不明确等问题，值得引起重视。

执行力强不强、执行效果好不好，与工作能力相关、与专业水平相关，更与思考程度相关。每当接到工作任务之时，不要急于着手执行，而是先要理清思路、深入思考、周密部署，然后按部就班地分步实施。如果在对目标任务还吃不透时，便急于简单着手实施，那么肯定会把事做砸了。善于思考，才能提高执行效率。

战略需要事业平台支撑，平台需要综合实力支撑，实力更需要人才、资本、技术、项目、产品、市场、创新等要素支撑。只有环环相扣、级级相连、层层相叠，才会从下往上、从小到大、从近到远，慢慢撑起越来越大的事业平台。战略不是空想，平台不能虚构，实力不能靠吹，只有扎扎实实推进，才会稳稳当当实现。

管理学是一门“专业中综合、综合中专业”的学科。管理者既要懂得专业知识，又要具备综合素质；既要掌握管理技术，又要懂得管理艺术；既要精通管理学，又要了解哲学。没有读过哲学，或是不会应用哲学原理的管理者，肯定搞不好管理，从事管理工作的人员，不但需要学习管理学专业知识，而且要学习管理哲学。

执行者能力也分三等六样。三等即是：一等是未拨先知；二等一讲能知；三等讲了也不知。六样就是：一是只要给个任务，就能圆满成功；二是如果给点权力，就能充分发挥；三是告诉目标途径，做到不折不扣；四是专门交代吩咐，基本完成任务；五是逐步跟踪督促，按部就班推进；六是再三嘱咐盯紧，才会有所动作。

什么叫管理？综合解释是指在特定的环境条件下，以人为中心，通过计划、组织、指挥、协调、控制等手段，对组织所拥有的资源进行有效利用、实现组织目标的过程。有人给过程加了“预测”“创新”等新名词与内容，也有人提出将“指挥”改为“指导”。没有固定的管理模式，适合自己公司的才是最好的。

将管理中的“指挥”改为“指导”，挺有道理。指挥原指上级对下级各种活动进行的组织与领导，通常用于军事组织与活动，后应用于乐队及各阶层的管理。指挥一般是指上对下、大对小的强制实施，而下对上、小对大只能被动地服从与执行。指导是指示教导或指点引导，意在让下属主动思考，充分调动员工的主观能动性。

给管理的活动过程加上“预测”“创新”等内容，会使管理活动过程更丰富、更完善、更有效。可以说“预测”是管理的前提，如果没有这个前提，管理效果很难对照，活动过程容易偏离目标；“创新”能挖掘管理潜力，管理过程中经常遇到新问题、新课题、新矛盾，如果没有创新思维与措施，很难保证管理成效。

管理者不仅需要拥有一个职位、拥有一定权力，更需要与管理职权相匹配的人品、专业、能力、水平等综合素质，如果管理者的综合素质与职权不相符合，那么授予职位越高、权力越大，越容易出事。可见，选择或聘用管理人员，不仅看其某方面的特长与优势，更要了解他的综合素质，尤其是人品。

管理者说：“我若不管他们，他们就不会理我。”被管理者说：“你不懂管理，我可以不理你。”可见，管理与被管理之间是一对矛盾，如果这对矛盾处理不好，对人际关系、对企业都不利。管理是一门艺术，更是一种道行，管理者如果没有真本事，单靠职权强行硬压，容易引发被管理者不满，导致矛盾激化。

有管理者以领导自居，摆出领导架子高高在上，只动口不动手，喜欢指点别人、指挥别人、指教别人，结果不但影响工作开展，而且与被管理者之间容易关系紧张、产生矛盾。其实，一般管理者并不是领导者，领导者也不一定是管理者，因为，领导者不但要具备管理者要素，而且要具有号召力、影响力与人格魅力。

企业管理团队中，并不是人人都懂管理、都能管理、都会管理，不少管理人员只是略懂皮毛，其中有的装腔作势或自以为是，真正既懂理论又善于实践，真正能将管理理论与实践相结合的管理者并不多。为了企业正常经营与稳健发展，亟须搭建一支“管理人员有专业，专业人员懂管理”的复合型人才团队。

企业管理不是想管就管、不想管就不管，不是有空管就管、忙了就不管的过程，也不是有固定模式、固化方法的过程；否则，企业要么乱套，要么僵化。管理应该是紧紧围绕目标或指标，制订工作计划、明确操作规程、确定岗位职责、分块执行实施、分步完善提高的全过程。要明白管理本质，努力提升管理效率。

企业内也许有个别员工天性懒惰，总是不肯学、不出力、不思考、不主动、不努力，不管怎么劝说、怎么做思想工作都没用，对这样的员工，最好的方法是劝退。一个不进取的员工，会影响整个团队的工作进度，同时也会影响其他员工的工作热情。无论在哪里工作，能力不足可以弥补，但是态度不行只能出局，滥竽充数是行不通的。

针对某些不主动、不积极、不认真的员工，需要通过交流、交谈、交心，了解其原因所在，只有摸清“病因”，方能对症下药。如果确属企业制度机制或外界干扰问题，可以着手完善或帮助解决；如果是岗职不相匹配的原因，可以因才调用；如果是能力水平问题，可以培训辅导；如果是个人思想问题，可以疏通劝导。

为什么有些员工工作效率不高？一与企业的制度机制相关，二与团队的友好气氛相关，三与外部的客观环境相关，四与个人的能力水平相关，五与个人的认真程度相关。上述相关内容中，个人的工作态度尤其要紧，如果态度不认真、不主动、不积极，其他条件再好也没用。可见，如何调动员工积极性，值得认真研究。

如果将重要的事情交给靠不住的人去完成，本身就是一个错误，无法完成或完成不好那是很正常的，即使能够完成，达到基本满意的程度，也只能算是运气好。按理说，人与事是对等的，就是说要将不同的事交给不同的人去做，重要的事要交给重要的人去做，如果出现人与事不对等的现象，说明不会用人，只能自作自受。

很多事情，一旦目标确定、方案制定之后，关键就要看执行力；执行能否到位，关键要看人、看团队、看激励机制与规章制度；执行的效果如何，关键要看细节的严密性、环节的关联性、步骤的合理性、团队的融合性、手段的合法性。可见，执行过程的好与差、粗与细、强与弱，对结果都会起决定性作用。

过分重视结果的人，往往会忽视过程中的合法性、合理性与合情性；如果只想得到结果的好处，那就会忽视过程的手段、形式、办法与措施。只注重结果而忽视过程的人，容易唯利而图、唯功而为，容易导致人性扭曲、社会变乱。结果固然要紧，但是不能为了结果而忽视过程的重要性。

企业管理是篇大文章，不仅需要做好表面文章，更需要练好内功、做好本质文章；仅仅会做表面文章而忽视内在素质，对企业百害而无一利；仅仅注重内在素质而忽视表面形象，对企业同样没有什么好处。企业管理是篇综合性的大文章，讲究的是内实外华、表里合一。

管理过程中，可能因为管理人员的能力、水平、性格、脾气、专业、爱好等原因，出现管理不当等现象，造成管理者与被管理者之间的矛盾；也可能因为沟通、协调、组织、控制不当等问题，造成员工之间、劳资之间的矛盾。可见，管理过程中的问题，有可能给企业带来后患。如何提高管理人员的综合素质，值得深思。

在企业管理过程中，有人将简单问题复杂化，导致小题大做、矛盾增多。究其原因，可能是因为不懂、不清楚、不了解，或者是因为不解释、不咨询、不学习。有人凭着自己的经验与小聪明去猜测，无形中导致问题复杂、矛盾激化。如何避免这些状况？关键在于加强沟通、虚心学习、相互理解。

如果员工不稳定，问题出在管理者；如果管理者不稳定，问题出在总经理或老板。一般来看，员工或管理人员有四大基本需求：一是薪酬福利，二是团队关系，三是成长空间，四是企业前景。员工或管理者队伍不稳定，值得老板或总经理深思与反省。稳定团队、留住人才是企业运营与发展的基本条件，不可掉以轻心。

做任何活动都要全面思考，不仅要有总体的方案与想法，而且要有具体实施的方法；要做到有框架、有内容，有形式、有内涵；要将每一项工作、每一件事，对接到人、岗、位，要考虑每个环节、每个细节，要做好每项衔接、每项对接，确保人人有事干、事事有人干；要应用PDCA循环原理，保证活动质量与效果。

企业管理队伍中，不一定都是合格管理者。怎么样才算合格？不仅要有专业特长，而且要有管理能力；不仅能指挥部下，而且能以身作则；不仅有管理水平，而且有经营能力；不仅能执行制度，而且会遵循规程；不仅会具体战术，而且懂整体战略；不仅有管理技巧，而且懂管理艺术；不仅融企业文化，而且融管理之道。

员工做事需要帮带、教育和指导，但主要还是靠自己学习、思考与努力，如果主观能动性不发挥、自身潜力不挖掘，外部使再大的力都没用。员工好比内燃机，如果内燃机不做功，马达或摇手给再大的力也是白使。如何才能让员工积极工作、挖掘潜力？建议在文化、制度、规程、岗职与综合考核方面做足文章。

企业管理是企业文化落地的一种具体措施，企业管理需要完善的制度、规程与岗责，需要内训、指标与考核，需要沉淀、完善与坚持，更需要个性、精细与创新。每个企业都需要管理，每位管理人员都要“会”管理，但是，真正靠管理出效益、出效率的企业并不多，特别是真正与企业同命运、共发展的管理专家实在太少。

同样是企业管理，同样为了效益与效率，为什么结果千差万别?也许与管理制度、管理目标、管理对象相关，也许与管理模式、管理方式、管理手段相关，也许与企业性质、行业属性、市场需求相关。总之，企业管理不能一概而论，不能单凭经验，不能只靠理论，而要以问题、需求为导向，走个性化创新之路。

企业以效益为中心，没有效益的企业，不可能生存与发展。明白这个道理的员工，就能理解老板的苦衷与压力，就会知道自己的职责与任务，就会敢于担当与努力。在薪酬方面，员工应当自我衡量，先不要考虑自己想拿多少，而要先考虑自己能给企业带来多少效益，只要能促进企业发展，就不愁企业不给高薪酬。

沟通并不是一件容易的事，在管理过程中，常常因为沟通不正确、不到位、不充分等原因，反而导致隔阂更深、误会更多、矛盾更大；沟通过程中，关键不在沟通者的气度、艺术与智慧，而在真心与真诚，用心沟通、真诚沟通，就能化干戈为玉帛、变矛盾为友情。善于沟通的管理者，才是合格的管理者。

沟通是管理工作的重要手段，在不熟悉、不了解、不理解、有意见、有误会等情况下，沟通会起到重要作用。通过沟通，可以消除误会、加强了解、促进理解、增进友情、达成共识、有利团结。沟通不仅需要姿态、气度和耐性，而且需要方法、技巧与艺术，更需要水平、能力与智慧。作为管理者要重视沟通。

权利与责任、义务相对应，拥有多大权利，就有多大的责任与义务，如果是只要权利而逃避责任与义务的人，那么千万不要赋予重任，万一得位，必有后患。要想干大事、掌大权，首先要有勇于承担责任与义务的气魄，如果不愿意承担责任与义务，那么最好放弃上攀高就的念头，否则，攀高跌重、后悔莫及。

提升业绩、控制成本、追求利润是企业生存与发展的“三要素”，如果没有业绩，企业都在白忙；如果不能控制成本，企业肯定亏损；如果不能产生利润，企业不能发展。“三要素”是董事会的根本目标，是管理者的根本职责，是员工们的根本任务。重视“三要素”、抓好“三要素”，才能保证企业健康运营与发展。

企业需要谋求发展，保证发展需要制度，维护发展讲究规则，引导发展在于文化。文化需要传播、规则在于维护、制度在于执行，如果仅仅将文化挂在墙上、将规则讲在嘴上、将制度写在纸上，那么会导致经营管理失控、员工团队涣散、各类官司不断、企业面临破产。所以必须提高警惕！

“管理者既要注重细节，又不能计较小节”，这种说法是否矛盾？细节与小节，看起来差不多，其实不然。注重细节是指工作方面，要求认真落实、从严执行，做到不放松、不放过、不马虎；不计小节是指管理者个人格局方面，要求不能计较个人得失，不能融入个人恩怨，要勇于带头、敢打责任。

管理在于细节。能否确保落实发展战略和总体规划，关键看具体计划与实施方案；能否确保落实计划与方案，关键看管理能否到位、到人、到岗。只有将每个环节、每个细节管好理顺，才能保证各项任务完成，才能保证效益和效率提高。在管理过程中，管理者一方面要注重细节，另一方面要顾全大局、不拘小节。

企业内部的软管理比硬管理更要紧，软管理主要体现在人性化方面，管理者多站在被管理者角度思考问题，多一些服务、体贴与照顾，多一些关心、温馨与共商，多一些理解、体谅与引导，多一些带头、榜样与示范，长此以往，容易赢得大家理解、支持与配合，容易打造团结、互助、正能量的团队，容易完成任务指标。

管理者与被管理者在特定时间、特定空间内构成了一种特殊关系，两者是为了某个共同目标、承担不同任务的两个不同角色，而不是固定的上下级关系，更不是控制与被控制的关系。作为管理者应该以身作则、带头奉献、敢打责任，作为被管理者应该服从管理、积极配合、努力工作。两者默契配合，才能圆满完成任务。

企业老板与员工之间是特定的雇佣关系，受聘时是老板与员工的关系，辞聘后则无此关系，因此，企业老板不要有意得罪员工，一旦员工炒了老板的鱿鱼，他可以尊重你，也可以不尊重你，他有权给你面子，也有权拆你的台。其实，老板与员工之间的关系，既是雇佣关系，也是合作关系，要想赢得员工尊重，先要懂得尊重员工。

管好自己比管理别人更难、更要紧。每个人都有自由的愿望、有冲动的本能、有虚幻的梦想，不经意间，会因为自由而忘了法纪，会因为冲动而触犯底线，会因为虚幻而错误决策。因此，在自由、得意、失望、发达、潦倒、无奈或无助的时候，都要努力自我约束、自我控制、自我管理。只有管好自我，才能管好别人。

通变者，领导也，有能力通变的，大多是领导，或是能当领导的大才；通变是指顺势而变，当通变有阻力之时，领导可以用权推动变化，这叫权变；如果发现权变受阻时，要善于变通，走出一条变化与发展的新路子；作为追随者，要看清形势、懂得应变。经济在变、社会在变，人们应当懂得通变、权变、变通与应变。

通变与变通，内涵大不相同。通变，是指具有一定地位、威望的领导者，他们透过现象看本质，预测即将到来的变化与未来发展趋向，因势利导、顺势而为，带头领导或引导他人变化；变通，是指事态变化过程中，当原则与实际相冲突时，采取合适的措施，走出合情、合理又不违法的新路子。

企业用人，既要讲究人岗匹配，让专业的人干专业的事；又要讲究团队协作，互相支持、共同努力。如果发现某些岗位存在工作拖拉、经常出错、忙闲无常、时有请假或加班等现状，管理者要通过观察、检查、交谈、考核等方法，了解实际情况，掌握问题内因，采取支持、调岗、辞人、增人等措施，确保提升效益与效率。

企业不养懒人、不养闲人、不养庸人，懒人会怠工，闲人会生非，庸人会败事；企业不设虚岗、不配虚职、不玩虚名，虚岗会养懒人，虚职会生是非，虚名会败名誉；企业想正常运营与健康发展，必须应岗设人、应事择人、按需配人，做到一线配齐配足、二线综合调配、后勤精岗减员，要想企业发展，必须精兵简政。

有的管理者，什么事都要捏在自己手上，只怕权力被人分掉，明知一个人干不了，非要自己琢磨，结果耽误时间、造成损失；有的管理者，喜欢高高在上、指手画脚，不顾部下的苦衷与为难，硬将任务指标下压，结果造成内部矛盾、意见分歧。作为管理者，理当明白什么事该捏，什么事该压。

有的管理者统揽统包、忙忙碌碌，常常累死自己、闲死部下，往往顾此失彼、因小失大；有的管理者偷懒怕事、碌碌无为，常常遇事就避、一推了之，往往损公利己、后患无穷。从管理学角度来看，管理者应该根据岗、职、责、权、利、效，做到既不越权包揽，又不推卸责任，行使好自己权力，履行好应有职责。

作为管理者，如果当下专业水平、管理水平差一点可以理解，到了新岗位暂时不适应、不着力也可以理解，但是如果长期水平、能力、专业都跟不上，那就无法谅解；水平跟不上可以学，能力差一些可以练，岗位不适应可以主动融入，如果不学不练又不想融入，那么必须调岗、降级或解聘，否则，会害人害己害企业。

作为一名管理者，如果你的德、智、才都比不上被管理者，那么肯定管不好、理不顺；如果你靠职权、靠资格去硬压，那么轻则无效、重则引起反弹。每位管理者，都应自我评价、自我反省、自我完善，如果自身确有不足，那就尽力完善。俗话说，“兵熊熊一个，将熊熊一窝”，要想有一支强大的队伍，管理者必须以身作则。

管理人员素质是管理质量的保证。凡是管理者，必须具备一定的管理水平、管理能力和专业特长，在资格、威望、为人等方面，具有一定优势，如果什么都比不上被管理者，那就不可能管理好队伍。管理者不仅懂得“管”，也要懂得“理”。先管好自己，再管好他人；先管好人，再管好事。先理顺思路，再理顺工作。

管理不仅要看制度、看措施、看过程，更要看结果。制度很完善、措施很得力、过程很重视而结果没成效，这样的管理肯定失败。我们要研究管理、重视管理，但不要被管理假象所迷惑，不要以为有制度、有措施就行，不要以为认真、听话、积极就好，也不要以为有意见、提建议的都不好，其实，有成效才是硬道理。

管理只是一种手段，手段为目的服务、为目标服务，如果目的不正确、目标不明确，手段再好、再强劲也没有用。任何一个组织、做任何事业，目的、目标都很要紧，如果目的是为了团队利益，目标是大家共赢，那就会有不少人忠诚追随，就会有不少人自觉努力、自愿奉献。要想管理手段有效，先从目的、目标抓起。

不论是什么类型的组织，能够做大、做强、做长，肯定有过人之处；能够不断壮大发展，肯定有特殊的核心竞争力。任何组织的进步与发展，靠的是正确的战略目标定位和运营管理模式，靠的是一代代领导人的正确引导，靠的是大批追随者的共同努力。同样，要想筑建百年企业，必须从目标、战略、模式和团队上下功夫。

从管理学角度来看，每个组织都有明确的目标、任务、愿景、宗旨、使命、发展理念、核心价值观。有了明确的阶段目标、终极目标、伟大使命、根本宗旨、发展理念、核心价值观以及与其相匹配的组织、宣传、纪律和方针政策等保障，才能保证组织安全高效运营，保证组织稳固健康发展。

作为一位合格的管理者，综合条件应该比普通员工要好一些、高一些、强一些；应该具有较高的素质、能力、水平、觉悟、事业心和责任心；应该明白肩负的指标、任务、业绩、义务与责任；应该积极、主动、认真、努力地带头完成任务；应该及时将上级的指示精神有效地转换为自己和每位被管理者的实际行动。

“与其讲得好听，不如干得好看”，管理者不仅要会讲，而且要更加会干。我们的成绩、业绩、政绩是干出来的，而不是靠讲出来的，更不是靠编出来的，如果只会讲、只会编而不会干，那么要这些管理者又有何用呢？作为一位合格的管理者，不仅要具备“四会”的基本素质，而且要具有更远、更好、更优、更强的目标与追求。

管理者“会讲”，不是指闲谈、讲笑话、讲空话，而是指用脑讲、用心讲、用情讲；要求对被管理者既要有真心、真诚、有人性，又要严格、严肃、讲规矩；“会讲”只是管理者应该具备的一项基本素质，作为合格的管理者，除了“会讲”之外，还应该做到“会想、会写、会干”。

从管理学角度来讲，“会讲”是指管理者善于表达、擅长沟通、善于做思想工作的能力水平，“会讲”是管理者应该具备的基本素质；作为一位合格的管理者，不仅要会讲，而且要讲得好、讲得妙；管理者会讲、讲得好，能够将上级的指示精神转换为被管理者的实际行动，能够激励、鼓舞与带领被管理者共同完成任务与指标。

每位管理者，对自己的综合素质、工作表现、能力水平、专业特长应该心中有数，只有这样，才会懂得扬己所长、补己所短，才会实现内外平衡、上下沟通；每位管理者，要经常给自己照照镜、洗洗澡、充充电，只有这样，才能保持清醒、少犯错误、与时俱进。故步自封，不思进取，是管理者需要警惕的。

员工可分五类：一类为了实现人生价值；二类为了追求自我事业；三类为了寻求固定职业；四类为了薪酬物质满足，五类为了混混当下日子。对待不同的员工，要用不同的方法去引导、管理与处理，除了最后一类员工必须解聘之外，其他员工可以用不同目标去引导与吸引，只要满足他们的需求，就能调动他们的积极性。

标准化、模块化与个性化、特殊化，是两类相悖的运营模式，标准化、模块化，讲究可复制，走加盟、连锁的发展模式，有利于横向拓展，实现规模效应；个性化、特殊化，讲究不可复制，走独特、唯一的发展之路，有利于纵深发展，实现精细效应。标准化、模块化可与个性化、特殊化融合，制定个性标准，打造特殊模块。

付出才有回报。从企业管理角度来看，这是很正常的，因为企业大部分效益来自员工的付出，如果员工不付出，企业拿什么给员工回报？因此，作为员工，不论为公为私，必须懂得付出与奉献。从企业发展战略来看，员工当下付出，不一定当下兑现，也可以用期权、股权激励，既给员工带来希望，又为企业提供后劲。

有些职业人士总觉得自己工资不高、待遇不好，总觉得单位领导亏欠于他，于是意见不少、牢骚满腹。俗话说“一分耕耘，一分收获”，收获不足可能与努力不足、付出不够相关，可能与贪心过重、欲望过高相关。天下没有不劳而获的东西，也没有坐收渔利的好事，只有不懈努力、不断付出，才能获得成功的喜悦。

有多大胆量放多大炮仗，有多大本事得多高薪酬，这是做人做事的基本道理，也是企业用人的基本规则。每个人要懂得自我评估，也要有自知之明；每个企业要按需求用人，也要按发展育人。有胆量可以去尝试创业，有本事可以与企业博弈；创业成功可以证明你的实力，企业给力可以证明你的本事。

一个企业能做多大、能走多远、能有多强，与其商业模式、经营模式、盈利模式相关。商业模式决定企业发展能力；经营模式决定企业竞争能力；盈利模式决定企业生存能力。决定创办企业之前，先要搞清楚自身优势、竞争力与发展空间，先要设计好商业模式与商业逻辑、经营模式与经营思维、盈利模式与盈利手段。

员工有没有水平、有没有能力、敬业不敬业，关键看三点：有水平的员工，给他一个题目，他能做出一篇文章，没水平的员工，给他一篇文章，他只会记得几句话；有能力的员工，给他一个任务，他会全面执行，没有能力的员工，总是丢三落四；敬业的员工，不需吩咐，他会全身心投入，不敬业的员工，总是拈轻怕重。

“教你做不如自己做”，这是不少管理者、父母的心理，这种心理表面上看是以身作则、身先士卒，实际上是心胸狭窄、无知愚昧。因为他们总认为唯有自己干才能放心，因为他们不懂得如何带领或引导部下共同完成任务。这样的管理者尽管很勤劳，但一生干不了大事；这样的父母尽管很强大，但子女不会有出息。

领导者的本事不在于自己“力拔山兮气盖世”，而在于被领导者忠诚、奉献与追随；管理者的本事不在于自身“三头六臂擎天地”，而在于指导与带领团队齐心协力完成任务。要想成为真正的领导者或管理者，不仅要树立形象、以身作则，更要带领大家携手共进，集体的团结和进步是对管理者最大的肯定。

虽然说“会想、会写、会干、会说”是做人的基本功，但确有因客观原因而导致基本功不扎实的人，事出有因，情有可原。如果是贪吃懒做、好高骛远、粗暴野蛮等主观原因导致的，实在太不应该。人生有很多无奈，但必须练好基本功，特别是管理人员，如果没有基本功，几乎没有前途。

员工为什么愿意卖力？因为员工意在通过付出来证明自己的能力、水平与价值，获得物质和职位提升及精神满足。企业为什么激励员工？因为企业想通过激励手段来挖掘员工的内在潜能。如何让员工自愿卖力？关键看企业如何激励。如何让企业舍得激励？关键看员工如何付出。两者相辅相成、俱荣俱损，需要共同维护、共同努力。

个别员工自以为有水平、有经验、有能力，平时不学习、不思考，缺乏正能量，碰到问题找理由、推责任，见到好事抢风头、提要求；个别员工工作不主动，大事干不了，小事不肯干，看到别人进步妒忌，看到别人失败讽刺，有建议、有意见当面不提，总在背后挑拨离间。这样的员工，成事不足败事有余，决不可留用。

为自己打工，不仅是目的，更是一种态度。员工能够摆正为自己而打工的位置，才会将企业当成自己的家、将公司的事当成自己的事，才会以主人翁的态度，去对待每位客户、做好每一件事、解决每个难题。位置决定态度、态度决定成败，有了为自己而打工的态度，才会主动挖掘内在潜力，自愿奉献自己的能量。

“为自己打工”的定义听起来不雅，但很实在、很接地气，不论从马斯洛需求层次理论来看，还是从奉献精神来分析，为了自己的生存、生活、事业和人生价值的实现，“为自己打工”都是应该的，也是必须的。如果自己的生存面临困境、生活不能保障，哪来的能力、精力去奉献？不论为谁打工，员工自身的基本保障、基本需求不能少。

员工到底在为谁工作？说法不一，各有道理，不同说法证明不同的人生观与价值观。一般人的出发点是为了生存保障、生活美好、事业发达，工作、劳动、奉献是实现目标的手段。如果认为在为企业或老板卖力，容易出现给多少钱干多少事的现象；如果认为在为自己生存、生活与事业奋斗，员工就会全力以赴。

责任心是第一执行力。落实任务指标主要靠执行力，缺乏执行力，也就无法完成任务指标；执行力的根本在于责任心，缺乏责任心，也就谈不上执行力。责任心从哪里来？一是与自身素质相关，素质越高责任心越强；二是将制度机制与责任相捆绑，促使增强责任心；三是靠平时培育与历练，从提高境界中培育责任心。

感到有负担是有责任心的表现，如果缺乏责任心，也就谈不上负担感；心感负担，正是责任心在提示。当然，有责任心的人，也就不怕负担、不怕压力、不怕为难。人的责任心是完成任务、实现目标、排除万难的根本；如果缺乏责任心，一切无从谈起，因此，培育人才，必须从培育责任心入手。

醒悟篇

有人步步高升，有人登高跌重，有人稳中求进，有人原地踏步；有人大发横财，有人暴富返贫，有人生财有道，有人一生贫困。表面看与能力相关，其实与努力相关；表面看与机会相关，其实与心态相关；表面看与命运相关，其实与做人相关。可见，只有拥有良好心态、坚持不懈地努力，才能保一生平安幸福。

不一样的身份、不一样的角度、不一样的角色，会有不一样的观点与观念。面对不一样的事实，不要敌意相待、不要激发矛盾，而要理解对方、懂得换位思考。社会是和谐的，如果因为某些观点、观念不一致而争斗，势必会导致矛盾激化、关系紧张，最终弄得两败俱伤。忍一时风平浪静，退一步海阔天空。

造成心态失衡的不是外部环境，而是自己的心，心不安，必失态；心不正，必失衡。按理说，他人的成败、贫富、好坏与自己无关，为何看到他人升官发财而难受？其实，一切都是虚荣心在作怪，如果能守住那颗平常的心，过好自己的生活，养好自己的心智，就不会心态失衡。

人的心态往往被周边的人文环境所感染、所改变，如果人文环境好，人的心态会变好，如果人文环境差，人的心态也会变坏。在过去，尽管很落后、很贫穷，但由于人与人之间生活条件差不多，还能开心生活、苦中作乐。随着经济发展，周边时有一夜暴富、平地升天的故事，很容易打破平衡心态，由此失去了生活乐趣。

“月圆必缺，杯满必溢”，任何事情都一样，如果到了圆、满地步，就不应该刻意地追求更高、更强、更远，否则物极必反。人在追求进步与发展的过程中，务必摸清成长空间与发展余地，既要做到有余地要努力，又要明白没空间要放弃。如果明知自己爬到顶了，非要逼着自己继续向前，结果肯定是掉入万丈深渊。

最高的营销境界是“你满意，我舒服”，搭建网络平台同样如此，只有满足大众需求，才能引来大众关注。如果从更深层面分析，即使平台搭建很完美，也能满足大众需求，但是缺乏综合实力，缺乏知名度与公信力，还是不能赢得大众信任；如果缺乏大众信任，即使达到“你满意，我舒服”的境界，也会以失败告终。

世上没有完全相同的人，没有完全相同的事，也没有完全相同的物品，只有比较相似的同胞、同行、同类、同种。世上没有完全相同的本我，没有完全相同的此事，也没有完全相同的此物。所以，对任何人、任何事、任何物，都要全面地、发展地、辩证地认识。正是因为这个世界包容不同的人和事，才会丰富多彩。

在市场多变、竞争无情的时代里，不知有多少个老板“辛辛苦苦几十年，一夜回到解放前”，甚至某些曾经的大老板，如今连生存都成问题。那些从辉煌走向败落的例子，对正在创业或快速扩张的人们是一种警醒，如果不做好两手准备，说不定将会步人后尘，到时追悔莫及。一生平安，才叫幸福。

“人无远虑，必有近忧”，这句话告诉人们，不论做什么事、创什么业，都该看远一点、思考全一点，既要有最好的期待，又要做最坏的打算，既要立破釜沉舟、背水一战的决心，又要做“留得青山在，不怕没柴烧”的准备。只有做好两手准备，做到两全其美，才能避免意外损失，才能在变化无常的时代，常立于不败之地。

要想获得良好的生存环境、良好的生活条件、良好的事业平台、良好的前途命运，“必先苦其心志，劳其筋骨，饿其体肤，空乏其身……”因此，每当遇到不顺心、不得志、不合意的时候，必须要经得起、耐得住、想得开，只有努力跨过挡在前进路上的每一个坎，才能过上美好生活、成就事业平台、保证前途光明。

都说“人在江湖，身不由己”，很多时候我们都会受到环境、事务、他人等方面的影响，不得不退让、静待与安心；要想干一番事业同样如此，不可能凡事都随心，一路都顺畅平坦，多的是曲折与阻碍。面对过程中经历的一切，需要冷静、需要勇气、需要信心，更需要胸怀与智慧。

自信心是精神的源泉、前进的动力，拥有较强自信心的人，更有激情、有冲劲、有前途；因此，有人认为，干任何事，只要拥有自信心，就能取得成功。事实并非如此，自信心要与其能力相匹配，要与客观条件相符合，如果不顾客观条件而单靠自信心去拼搏，肯定无济于事。人需要自信心，更需要从实际出发。

做人难免有虚荣心，适度的虚荣心也许是推动进步的动力，但是，虚荣心犹如埋在脑海里的幽灵、关在牢笼里的魔鬼，很难把握、很难抑制，一旦抵不住外界的诱惑与内心的冲动，就会变成猛兽、洪潮，令人突破限度与底线，过分显露与张扬，人就会像气量过足的气球，看着又大又圆，要是轻轻触碰，立即崩溃。

人生过程中，不但会碰到为难之处，也会遇到尴尬之时，遇到自己或他人为难或尴尬的时候，一旦处理不好，可能会得罪人、会影响关系、会带来麻烦；面对当下的为难与尴尬，往往心情会发生变化，在非常态的心情下作出决定，很可能造成错误与带来误会。如何处理为难与尴尬？不仅需要能力水平，更须坦诚与真情相待。

眼光短浅之人，看的是眼前状况，谋的是当下好处，争的是个人利益，做事总是急功近利。与这些人打交道，只能做生意，而不能做伙伴，只能满足其当下利益，而不能与其共谋未来事业，只能给些人情换需求，而不能靠着面子求共赢。在为事业奋斗的过程中，可能会遇到这些人，面对这些人，不要谈理想，而要讲利益。

有人爱发牢骚，总觉得社会对其不公，政府对其不关心，他人对其不尊重等。其实，很多事的本质并非如此，往往是因为其本人能力缺乏、为人不善、作风不正、自私自利。当今社会可能存在一些不公、不廉、不道德等现象，但很多不良现象可能慢慢会好转，没必要为此大发牢骚，否则不但伤元气，还会伤感情。

做人为什么心累？是因为心中挂着事、挂着人，久了会变成心结，如果解不开，对身心都不利，唯一的办法就是放下。人生只是过程，过程追求快乐，如果心结解不开、放不下，快乐就会离人而去。为了人生快乐，必须懂得放下，只有放下，才会海阔天空。放下有时只是一瞬间，但是执念深者难得解脱。

破釜沉舟、背水一战，只能说是一种决心、一种勇气、一种精神，而不是好办法、好措施、好计谋。到了穷途末路、山穷水尽的地步，单靠决心、勇气与精神求得起死回生、柳暗花明的可能几乎微乎其微。任何人、做任何事、从任何业，都应该有上、中、下计谋，上求发展、中求安稳、下求避难，做到未雨绸缪，方得一生平安。

欲望犹如毒品，使人入迷、使人麻痹；欲望犹如魔鬼，使人邪恶、使人失魂；欲望犹如野马，使人失控、失人疯狂。过高的欲望，往往表现于追求无止境的权、利、色。凡是欲望过高、过强的人，常常做出常人无法想象的行为与决策，他们不顾客观条件是否满足，凭着主观意志做事，最终将自己逼到悬崖尽头、无路可走。

为孝而举，德厚道正，尊上敬老，谦卑待人；为忠而举，爱民爱国，遵纪守法，奉献社会；为义而举，舍亲轻利，是非不混，黑白不淆；为仁而举，心怀博爱，待人友善，尽力为公；为善而举，心怀慈悲，诚心施舍，真心助人；为勇而举，不畏邪恶，敢于挺身，何怕洒血；为信而举，人诚品正，坚守契约，矢志不渝。

所有的方针、政策和路线，都是政治的具体表现，政治是关系国家、民族、社会、人民的头等大事，不论读什么书、就什么业、干什么事，都要将政治放在首位。如果不关心政治、不学习政治、不听从政治，肯定会出事；如果与方针、政策、路线相违背，肯定死路一条。

做自己喜欢的事，很正常，无可厚非，但是，凭自己的兴趣做自己喜欢的事，肯定是好景不长。如果长期坚持做自己喜欢的事，将自己的兴趣变为专业特长，将自己喜欢做的事变为事业，那么不仅需要坚持不懈的毅力，更需要支撑毅力的精神源泉。如果将精神源泉转化为事业动力，那么人生事业目标一定能够实现。

人们在生存、生活、生产过程中，都会受到外部环境变化的影响。有促进，也有阻碍；有顺利，也有不利；有正面，也有负面；有常规，也有非常规。面对外部环境的变化，不要激动、悲观或退却、回避；为了生存、生活与发展，人们必须尊重客观事实，必须懂得“适应生存、顺势发展”的道理。

很多事，在实施之前，总觉得自己准备好了，一旦开始实施，却发现问题不少，然后应急补漏，结果是事倍功半，等到回顾总结时，来个自我批评，做个深刻检讨，表示以后注意，然后不了了之。干任何事，都需要各种各样的成本，有些以后还能弥补，但机会成本永远无法挽救。干任何事，都务必细心筹备、认真准备。

什么叫顺势而为？应该是指顺天之势、顺地之势、顺人之势、顺事之势而为。顺天势，是指顺天时、顺国策、顺政运；顺地势，是指顺地利、顺环境、顺气候；顺人势，是指顺人和、顺世俗、顺民意；顺事势，是指顺事态、顺价值、顺目标。势是道的社会现象，要想实现目标、成就大事，必须懂得借势、适势、顺势。

“顺势者昌，逆势者亡”，这不是人为因素所致，也不是意外现象，更不是人生命运不幸，而是大势所趋、大道所定；做人必须明白势不可挡、道不可逆的规则，如果强持自己的主观意志，蓄意违背客观规律，那么肯定是螳臂当车、以卵击石。要想过上好生活、谋个好职业、干成大事业，必须看清势道、顺势道而为。

干任何事，最怕是在一知半解、似懂非懂的情况下，自以为是、自作主张、大胆拍板，结果要么无法实施，要么半途而废，要么不可收场。干任何事，事先必须调查研究、综合分析、全盘考虑，必须在学懂、弄通、悟透的情况下作出决定或决策。干任何事，只有在客观条件与主观能力相匹配的情况下，才会顺利成功。

看是真的，可能是假的，看是假的，可能是真的，很多事物是伪装的，单从表象认识、了解与分析，很难搞清事物本质。面对不内行、吃不准、悟不明的事，不要没事找事，搞不好就会被骗、被忽悠。很多麻烦是自找的，简单可以减少苦恼。陷入复杂情境中，及时回头，悬崖勒马，方能止损。

一个人不管他有多聪明、多智慧，如果自以为是、夜郎自大，迟早会被社会所淘汰。在发展迅速、瞬息万变的时代里，如果不听、不问、不闻，不向高人学习，不能戒骄戒躁，那是不可能与时俱进的，妄想靠闭门造车引领发展，那是天方夜谭。人需要有梦想，但不能将幻想当梦想，人可以飘浮，但要懂得如何安全着地。

人有睡有醒，久睡醒不来，意味着结束一生；酒有醉有醒，常醉醒不来，意味着废了一生；脑有幻有醒，长幻醒不来，意味着混沌一生。这些道理大家都懂，可惜偏偏有人睡而不醒、醉而不醒、幻而不醒，结果害了自己、害了家人，还害了相关人。不管你是谁，都要经常对着镜子问问自己：睡醒了吗？酒醒了吗？幻醒了吗？

不少人总是自设困局、自挖陷阱，本来是平凡的人，可以走平凡的路、做平凡的事，非想干一番远远超出自身能力的大事，最后逼着自己无路可走。人需要有想法，但不能太有想法，人可以干一番事业，但要适可而止，否则，很可能会自入困局、自跌陷阱。不是每个人都能成大业，无论怎么努力，成功者始终是少数。

如果知道自己的问题与不足，还可以通过虚心学习、努力奋斗，让自己进步、发展与完善；如果只知表象或一知半解，却自以为很内行，听不进劝言与告诫，就很容易犯错误。人，可能因不知而盲目快乐，也可能因智慧而知足常乐，最担忧的是不知装知，最麻烦的是似懂非懂。

“人无远虑，必有近忧”，的确如此。做人做事都一样，不仅要干好眼前的事，还要想好未来的路，如果不能周全思考、预防后患，那么迟早会出事，而且会出大事。要想平安快乐，确保高枕无忧，必须认真对待眼前每件事，必须思考未来走的路，只有这样，才能保一生平安。

都说“船到桥头自然直”“车到山前必有路”，这些话只是劝人心宽而已，如果都是“自然直”，为什么会出现船撞桥墩的事故？如果都是“必有路”，为什么会出现撞山翻车的事故？人不要自欺欺人，也不要被俗话所蒙蔽，做任何事都要做应急预案，如果不早点做好准备、不提前做好预防，说不定就会撞墩、翻车。

事业有成、发财致富是很多人的梦想，如何实现梦想？途径不同、方法不同、措施也不同，可谓是“八仙过海，各显神通”。到底有多少人能实现目标？很难说。从表象来分析，成功的人是因为他择对了业、走对了路、做对了事，而失败的人是因为他择错了业、走错了路、做错了事。究其本质，并非对与错那么简单。

在为事业奋斗时，有可能会遇到“食之无味，弃之可惜”的鸡肋之难，光阴、精力、财力就在苦心经营中浪费，如果当弃不弃、当断不断，等于荒度人生。拿得起是本事，放得下是气概，既能拿得起，又能放得下，才是真正的英雄好汉。人生的光阴有限，干事业的年华更加有限，一旦遇到鸡肋之难，必须干脆放下。

能否把握自己的前途命运，关键是看能否正确地剖析自我。能够正确评估自我、看清自己本质、看准未来发展的人，才是能够把握自己命运的人，否则，肯定是没有前途、必将失败的人。那些不懂自我剖析，只会求神保佑的人，肯定是无知的人；那些不懂分析发展趋势，只会求神指路的人，肯定是没有出息的人。

按理说，事情的真相照实讲即可，不需要理由，不需要加工，也不需要修饰；如果是虚假的事，不论编造多少理由与故事，终究无法掩饰事情的本质。但是，由于暂时性的信息不对称，使人无法鉴别事情的真假，再加上人为的修饰，有时会令人瞬间失去理性的判断力，特别在某种特殊诱惑之下，很容易被蒙受骗。

作茧自缚，本来是蚕的事，后用来形容人，按理说，人有大脑、有思维、有鉴别能力，为什么有人给自己作茧呢？究其本质，不是人笨，而是自我高估、自作聪明、自以为是；不是不懂，而是懂得太多、好高骛远、异想天开。自缚的人只能自作自受，自缚的事提醒世人，只有量力而行，才能保一生平安。

世上很多事，因为发展需要而派生，不论看懂还是看不懂，不要纠结，不必疑心，尊重事实即可；社会上很多人，因为发展需要而变化，不论想通还是想不通，不要猜疑，不起异心，明白道理即可。顺势者昌，逆势者亡，这是基本道理，也是客观规律，大局所需，众望所归，匹夫理当各尽微力共创辉煌。

复杂与简单，相对而言、因人而言，这与专业程度相关，与认识程度相关，与认真程度相关。如果不专业，再简单也会觉得复杂；如果不认真，再复杂也会被视为简单；如果不研究，不论简单或复杂，都会被认为是一个样。世界万物、千姿百态，社会众生、真伪难分，有表里合一，有表里相悖，顺道究根，可变复杂为简单。

大千世界，错综复杂，一切复杂本源简单，世界上最复杂的是黑与白，最简单也是黑与白。时间最复杂，只有黑夜与白天；空间最复杂，也是黑夜与白天；文章最复杂，基于黑字与白底；棋艺最复杂，只有黑子与白子。可见，复杂源于简单，简单衍生复杂。一念天堂，一念地狱，有时简单和复杂也只是一念之间。

话是自己讲的，事是自己做的，路是自己走的，如果说错、做错、走错，那是自己的事，不要埋怨、不要后悔、不要失去信心。人生难免失败、难免出错，所有的失败与过错，都是正确与成功的基础，因此，不要为曾经的失败难过，不要为曾经的错误后悔。只要正确面对、深刻反省、不断努力，未来肯定圆满。

学的专业差不多，想的问题差不多，干的工作差不多，为什么有人事业有成，有人却一生平凡？关键在于志向、目标不同和恒心。讲的是同一句理论，干的是同一个事业，立的是同一个目标，为什么有人功成名就，有人却半途而废？关键在于能否执行、能否坚持。很多人与事，不可看表象。

有人做了不该做的事、走了不该走的路，在无力回天的情况下，只好放弃诚信去骗人，结果作茧自缚。不论什么人，在设定目标与战略时，应该要自我剖析、量力而行，千万不可高估自己，不能盲目高攀、不要骄傲自满，否则，就会作出错误决策、走上错误发展之路，最终将自己逼到“启动刹不住、上去下不来”的地步。

任何人做任何事，都要多问几个为什么，都要多留几个心眼，既不能盲目做事，又不可盲目执行，否则做事变成制造问题，执行变成带来后患。做事与做人一个样，思考程度越深、分析问题越透、调查研究越细，成功概率就越高。如果都靠“摸着石头过河”，说不定就会被淹死，即使从失败中吸取教训，也可能后悔莫及。

形象需要包装，但不能弄虚作假，如果是“金玉其外，败絮其中”，那么包装越讲究，害人越深；项目需要策划，但不可搞欺骗，如果靠策划手段蒙人投资，那么策划越圆满，骗人越多；文化需要打造，但不能靠编造，如果用编造替代打造，那么编得越丰富，害人越惨。不论做人还是办企业，一切虚假欺骗终究会失败。

问天道。益是益，损是损，益满损，损思益，益即损，损即益，益损互变，公益免损；得是得，失是失，得过失，失过得，得即失，失即得，得失互换，共赢不失；福是福，祸是祸，福溢祸，祸至福，福即祸，祸即福，福祸互变，共享少祸；胜是胜，败是败，胜骄败，败思胜，胜即败，败即胜，胜败互变，和必常胜。

成人有成人的压力，孩子有孩子的压力；老板有老板的压力，员工有员工的压力。总之，在充满激烈竞争的环境下，几乎每个人都觉得有压力，在特定条件下，压力可以变成动力，可以改善生活、推动进步、促进发展，如果压力过大、过重、过度，可能令人无奈、逼人退缩。

有个别年轻人不愿安于现状，尽管当下生活条件、工作环境、发展趋势都不错，却幻想一夜暴富、一鸣惊人，放着好端端的日子不过，非要逼着自己闯天下。都说外面的世界很精彩，却不知道外面的世界也无奈，为了追求精彩，可能会陷入无奈，一旦在无奈或无助中倒下，将会后悔终生。

如果身上长期背着重物，肯定会劳累过度，必须大胆放下；如果心上长期挂着东西，肯定会心身疲惫，必须懂得放下。但很多人明知已经背不动了，却非要硬撑下去，最后将自己压垮；很多人明知已经受不起，却总是放心不下，最终将自己逼死。重负带来痛苦，放下找回幸福。

沟通不是万能的，有些有意、蓄意、恶意对立的人，或有些理念相悖、利益相冲、人品不同的人，很难通过沟通来解决问题；沟通要注意对象、立场与利益，在不知情、不知彼的情况下，不要轻言沟通；沟通只能对可以沟通、能够沟通、值得沟通的人进行，如果未知敌友、不分青红皂白地盲目沟通，就会带来严重后患。

有多少的财才叫有财？当多大的官才叫当官？从来没有标准答案。不断追求发财与升官，是很多人的目标，为了实现这一目标，不知有多少人在过程中跌倒。追求发大财、升大官，无需指导培训，皆因自我驱使、自我绑架，由此带来无限的苦恼。懂得自我解放，才会找回真正的幸福。

大多数人认为老板总比员工富有，其实很难说。不论企业是否赢利，不论老板是否负债，员工工资一分不能少，否则员工就会去维权。大多数人认为，企业亏本是老板无能，不关别人的事。因此，作为创业者、投资人或生意人，必须明白这些道理，务必慎重行事，以免变富为穷。

人生就像乘火车，能搭上车，哪怕是站着也好；站累了，总希望有座就好；有座了总觉得靠着舒服一点，有靠了总觉得躺下更舒服；有二等座总想坐一等座，坐一等座总想坐商务座；有商务座总想包房，有包房总想坐专列……人生就像乘火车，要求越来越高、想法越来越多，但最终也得到站下车。

世界苦乐，来自自然，回归自然，自来自归；不可强求，无法回避，来者必来，去者必去。人间痛苦，半为天定，半为自找，理当鉴别；天定难违，顺其自然，贪心狂为，必生痛苦。人间快乐，半为天赐，半为人求，知足常乐；天赐快乐，修来福报，人为之乐，重在积德。世间苦乐，心身感受，心苦即苦，心乐即乐。

什么是值得，什么是不值得？每个人心中都有一杆秤。有人认为能为个人获取利益叫值得，有人认为能为集体乃至国家作贡献才叫值得；有人认为能够获得当下满足叫值得，有人认为能为未来平安幸福打基础才叫值得。不论人们怎么定义值得，但有一点非常明确，就是人们认为值得才会付出，认为值得才会去拼搏。

别以为叫你老板你就有钱、叫你领导你就有权、叫你帅哥你就英俊、叫你美女你就靓丽，对方可能只是出于礼貌或是客套，或者只是讨你欢心。到底有没有钱、有没有权、帅不帅、靓不靓，自己应该心中有数，不要因这些称谓听得舒服而迷失方向。人贵在有自知之明，没有自知之明的人就没有自我。

很多人有侥幸心理，总认为自己福气好、运气佳，不会出什么问题，即使遇到一些难题与坎坷，也不去思考如何解决，只是寄希望于福气或运气，到了无法挽救之时，不承认自己的错误，而将一切责任归于天、归于命、归于他人。做人要敢于面对事实，敢于克服困难，敢于自我检讨，敢于解决问题，只有这样，才能自我挽救。

有些人明知问题后果严重，非要一拖再拖、一犯再犯，不给自己留条后路，最终走上不归路。其实，很多问题可以通过多种途径解决，但有人就是固执死板、不肯转弯，非要将自己逼进死胡同，结果进退两难、屈伸不得。敬劝站在十字街口的人们，抓紧解决当下问题，不要等到最后欲哭无泪。

“人无远虑，必有近忧”，企业、组织同样如此。如果没有统一战略、统一目标、统一步调，那么肯定是问题百出、矛盾四起、步履维艰；如果人事调动频繁、各方想法不一、战略目标常变，那么势必会导致一个企业、一个组织整天忙于会议、调查、研究与决策，结果举棋不定、一事难成。

小问题不解决会出大事情，小毛病不治疗会变大症结，小细节不注意会有大麻烦……这些话没人不懂，但面对一些小问题、小毛病、小细节，总有人不顾不问、不理不睬，而是一拖再拖，导致问题越来越多、病状越来越重、麻烦越来越大，结果病入膏肓、无药可救。恶果可怕、后患无穷，理当防微杜渐。

世界上没有后悔药，如果做错了事，必须敢于面对与担当，哪怕是付出一切代价，也要为自己的错误与过失买单；曾经的决策或行为，毕竟已经过去，时间不可能倒流，后悔或反悔改变不了事实。面对恶果，最好用积极的心态去挽救，认清事实、拿出方案、解决问题，也许时来运转，又是一片蓝天。

为了场面好看、为了要个体面、为了获得认可、为了争取回报、为了业务发展，尽管穷得没饭吃，也得硬着头皮借钱撑门面、搞排场，这种窘境很多人遇到过，我也不例外，但如果不是被逼装阔，那么何必自找麻烦。生活中的“被逼装阔”，多半是虚荣心所致，若能放下则一身轻松，只是说得容易做到不易。

从个人到家庭，从企业到政府，从国家到全人类，最要紧的是安全。如果个人不安全，人没了、家庭也散了；如果企业不安全，企业会倒闭；如果政府不安全，政府会被代替；如果国家不安全，国家会乱套；如果人类不安全，世界将会灭亡。因此，必须牢记安全第一。

在短短的人生中，值得珍惜的事很多，如时间、感情、名誉、生命等。如果忽视，就会带来严重损失，一旦失去，就会带来重大打击。面对时间、感情、名誉乃至生命，必须认真对待、好好把握，不要等到无法挽救之时再悔恨。珍惜当下，才有未来；避免损失，才会平安。

俗话说，“人比人，气死人”。其实，每个人都有自己的个性、爱好与专业特长，每个人都有自己的生存、生产与生活空间，没必要过分地羡慕或妒忌别人，只要过好自己的生活，让自己平安健康，就能感受到安心、开心、快乐与幸福。人总是要跟自己和解，才能慢慢跟周围的人和事和解。

人有两个特性，一是有欲望，二是喜欢与人比较，这会导致人们喜欢与比自己有钱、有势、有权、有水平、有身份、有威望、有颜值的人作比较，每当感到差距悬殊而无法拉近的时候，欲望将会变成妒忌与邪念；每当妒忌与邪念无法克制的时候，就会上升为仇恨，因而制造出大量社会矛盾。

人生短暂、时间有限，如果为了某件事、某个人做一些没有意义的折腾，那就是浪费时间、浪费生命。做人需要退出问题来看问题、需要跳出自己来看自己，要对当下的自己、当下的事情，进行认真审视，没必要折腾的事别瞎折腾，必须懂得放下、减少折腾，减少折腾就是珍惜时间、珍惜生命。

俗话说，“谋事在人，成事在天”。不少名人、富人、强人正当事业成功之时，却英年早逝、撒手人寰，可见某种程度上看，“大富靠命”。切记：人生只有一世，过后不再重来，不仅需要努力，更要尊重生命、量力而行。“生死由命，富贵在天”，人无法左右生死和富贵，能做的只是过好每一天，成为更好的自己。

为什么说“大富靠命”？因为人的成功与其遗传基因、身体素质、脾气性格、拼搏精神、抗压能力以及时代环境、社会关系、经济条件、政治背景等方面有直接关系。如果主观上很努力，而自身条件或客观要素不支撑、不相符、不匹配，所有的努力都将是“竹篮打水一场空”。

小富即安的人，可能安逸又轻松；要想成就一番事业的人，事业可能做强做大，但生活与精神并不一定安逸、轻松；如果是雄心勃勃、欲成大器的人，除了能力、魄力、实力和团队支撑之外，更需要环境、人脉、自身素养和机会做保障，如果缺少保障要素，即使目标实现，也不会长久。

当你有了一定经济基础之后，可能会追求用品牌服饰来武装自己，让自己显得有档次、有品位；而当你成名成功之后，你就会回归自然、追求本我，不再靠品牌来装扮自己，不论你穿什么衣服、戴什么饰品，都会被你的追随者认为是个性，会被人们追随与模仿。人，与其靠品牌武装，不如努力让自己成名成功。

熟练熟练，熟在于练，练多了才会熟，不断地练、努力地练，才能达到熟能生巧、炉火纯青的境界。实践证明：专门练一件事，专业研究一件事，肯定会出成绩。一般来讲，练五年可以成专业人才，研究二十年以上可以成为行家、专家、名家或大家。熟是练出来、研出来、干出来的，而不是混出来、拍出来、吹出来的。

一生中，难免有兴奋的时候，难免有愤怒的时刻，难免有贪婪的想法。面对得到、收获、快乐和幸福，兴奋一点很正常；面对欺负、冤枉、打击和污蔑，愤怒一点很正常；面对金钱、权力等的诱惑，贪婪一点很正常。但是，当兴奋、愤怒与贪婪过度的时候，犹如魔鬼缠身，如果不能及时降住魔鬼，肯定后患无穷。

人在三种情况下，最容易出事，一是愤怒，二是兴奋，三是贪婪。愤怒、兴奋与贪婪，都会使人感情用事、失去理智，作出非理性的决定，导致事故发生，后患无穷。人有七情六欲，人更有理智与自制的能力，不论在什么情况下，都要懂得自我平衡。平衡是平安的基石，做好平衡、善于平衡，能保一生平安。

“听锣听声，听话听音。”听长辈或老师教育，既要耐心倾听、认真学习，也要仔细琢磨、扬弃并举；听他人讲话，既要分辨真假、了解用意，又要分析内涵、鉴别是非；听有求者讲话，既要分清恭维或真诚，又要鉴别马屁或真意；听竞争者讲话，既要听懂话中用意，又要明白话外之音。

时间很公正、很平等，但是，时间观念千差万别，有人充分利用，有人随波逐流，有人只争朝夕，有人蹉跎岁月。尽管时间很公正、很平等，但是，那些失去自由、失去健康的人，那些身负特殊任务的人，他们要么失去享受时间的权利，要么放弃享受时间的权利。时间就是人生，趁你还自由健康的时候，务必珍惜、好好享受时间。

自由需要诸多条件与要素来保障，除身体、精神、心情、身份之外，还需要时间、天气、环境、交通、资源、设施、经济、政治、治安等方面的保证与支撑。人需要自由、寄托自由、祈望自由，但是，如果没有支撑与保证的基础要素，自由将会成为水中之月。每当遇到无法决定自身自由之事，才会深悟自由的真谛与价值。

有时候，由于自身素质欠佳，控制不了情绪，而会发些脾气，事后又会后悔。仔细想想，人不能用自己的脾气说话，不能用自己的脾气办事，不能用自己的脾气对人，否则容易得罪他人，容易被人误解，容易产生矛盾；仔细想想，还是谦虚做人的好，这样可以少一点麻烦、少一点误会，可以多一些平安、多一点幸福。

“人外有人，山外有山，天外有天”，每个行业、每个专业，都有高人，自以为不错、善于表露的人，真不知道高手如林；真正的高人，会做到心中有底、谦虚谨慎、不露神色。隔行如隔山，对外行人来说，以为能说会道的人都是能人，很容易信其为真，于是轻易将要事委托，出了问题或见到真人之后，方知为时已晚。

时间是时间，空间是空间；空间不够之时，可以用时间换空间；时间不足之时，可以用空间换时间；如果时间不足、空间也不够，最终要么调整时间，要么放弃空间，否则势必带来损失。时间在不变中变化，空间在变化中不变，掌握时间与空间的规律，方能利用时间、拓展空间。

为什么决策失误？从理论上讲，与没有深入调查研究相关，与预测失误相关，与执行力不强相关，与控制力不足相关；从实际情况来看，与决策者欲望过重相关，与决策者虚荣心过强相关，与决策者顾及人情面子相关，与团队人员的急功近利、弄虚作假等行为相关。为了减少决策失误，必须理性研究、科学决策。

当下决策的对与错，不一定马上能够判断。对与错需要成果来证明，成果更需要时间和事实来检验，凡是经得住检验的决策，才是正确的好决策。决策是否正确，与决策相关，与决策之后的执行、纠偏与完善相关，正确的决策如果不能执行到位、不能及时纠偏、不能逐步完善，一切都是空的，经不住实践检验。

很多麻烦是人们自找的，可能是因为曾经的不小心、太随意、不理性的决策，给当下造成不必要的烦恼，如果处理不好，还会带来后患。在特定的环境、特殊的心境之下，很可能作出非理智的决策，随着环境、心境、处境的变化，慢慢感受到当初决策的失误，还要为失误的决策付出代价，切记决策要谨慎、要理性。

不论是姻缘、情缘，还是商缘、机缘，能够相识、交往、结缘的前提是信息对称，双方或多方互相传递信息、互相交流、互相认可的前提是缘起；没有缘起，就不可能有缘分，没有缘分，也就谈不上姻缘、情缘、商缘或机缘。缘起，是各类条件的聚合。不管是什么缘，既来之，则安之，阻碍无用，强求不了。

“闻道有先后，术业有专攻。”不论是闻道还是学理，必须牢记先者为师、前者为兄的道理，尽管自估道行高深、理论深厚，也不可自以为是，否则会被视为傲慢。学术在于专、从业在于精，如果混混日子、随便应付，那就不可能实现高超的技术、高精的业务水平；只有刻苦钻研、不懈努力，才能达到炉火纯青的境界。

看不清物质表象属低级层面，看得清表象而看不透本质属初级层面，看得透本质而悟不懂关联属中级层面，悟得懂本质的深层关联而找不到支撑本质的核心属高级层面，找到核心又不断追溯本源、不断预测属最高层面。不同层面反映不同知识、不同能力、不同智慧与不同境界。智慧与境界是步入不同层面的根本。

2017～2019

识 人 篇

人与人之间的信任链有三条：第一条是感情，人与人之间拥有亲情、爱情、友情、乡情、同窗情或战友情基础的，彼此容易互相信任；第二条是利益，人与人之间有合伙、合股、合作关系，属于利益共同体的，彼此容易互相信任；第三条是价值观，人与人之间属同一组织、有同一信仰、为同一目标的，彼此容易互相信任。

谁是你真正的好朋友，关键看他是否在场面上维护你，在背后挺你，在事业上支持你，在私底下指正你。如果是，绝对是好朋友。在场面上扁你、当人家面笑你、在背后整你、私底下害你的人，肯定是你的敌手。人际关系如何，不看表面、不看一时一事，而要看长期的过程，经得住考验的是好朋友，相违的肯定是敌手。

一滴水能折射阳光，一件事能反映人品。水不在多少，其分子不能变，如果水的分子变了，那液体就不再是原来的水；事不在大小，其性质不能变，如果事的性质变化，那就不再是原来的事。水有本性，人有初心，做人既不要随意改变物质属性，也不要轻易忘记初心，否则，不可能干出好事，更不可能获得尊重。

每个人都有“可爱”的一面，一般情况下，大多数成年人特别是重视形象的成年人，总会将自己的“可爱”藏起来，不到合适的时候，不在适当的场合，不遇到相投的对象，没有舒畅的心情，不会轻易表露自己“可爱”的一面。一旦到了人生大喜之时，非要一醉方休，酒后尽现“可爱”本性。

有人为了自己的利益、凭着自己的想象、站在自己的角度去否定他人，凡是无利可得的事，不管对错是非、不分青红皂白，总是满口否定。这样的人不但没有出息，而且干不成什么事；这样的人不但很难合作，而且容易得罪人；这样的人如果脾气不改、性格依旧，长此以往必将离心离德、矛盾纷纷、引发后患。

现实生活或工作中，有些人非常计较个人得失，他们逢事只会顾及个人利益而不顾他人利益或集体利益。与这类人打交道很累，如果无法满足他们的需求，或者无意中损害了他们的个人利益，他们就会千方百计与你争利，或者拼命地阻止工作推进。人有各种各样，斤斤计较的人确不少见，与这类人交往需要多个心眼。

从韩信受胯下之辱一事来看，即使是英雄，为了不吃眼前亏，也只得“大丈夫能屈能伸”。人们为了生存、生活和事业，求人、忍让也是一种本领、一种需要，求得了、忍得住，或许会给未来事业打下良好基础，但如果一生都是靠求、靠忍、靠装，最终会变成真正无能、无用的人。

俗话说，“饭要一口一口吃，事要一件一件办”。如果因饥饿而狼吞虎咽，不但影响身体，而且影响形象；如果因懒惰而敷衍了事，不但效果不佳，而且影响声誉。在现实生活中，确有不少人喜欢大吃大喝，实在对不起身体；在现实工作中，也有不少人做事随便应付，实在对不起薪酬。

当下，文盲越来越少，眼盲并不多见，而心盲却越来越多。心盲一般不属天生，而是后天造成的，那些不肯思索、不求上进、不听忠告、不知自律的人，特别是某些取得一定成就、有了一定地位、发了不少横财而自以为是、故步自封、好高骛远、夜郎自大的人，心盲之症尤其严重。心盲没有良药，只能靠省悟自愈。

盲，可分文盲、眼盲与心盲，文盲是指不识字的人，眼盲是指眼睛看不见的人，而心盲指的是“外不听言，内不自省”之人。文盲可以学文识字，眼盲可以听闻摸问，而心盲之人，既听不进逆耳忠言，又不肯思考反省。因此，每个人都要扪心自问，自己是不是心盲之人，如果存有心盲现象，必须打开胸怀、认真自省。

决定一个人前途的，不是他的身世，而是他的大脑；决定一个人能否被社会认同的，不是他的长相，而是他的人格；决定一个人能否被社会尊重的，不是他的地位，而是他的贡献。做人不要埋怨出身或埋怨长相，也不要为身在高位而自满，只要善于思考、人格高尚、有所作为，总会获得认可与尊重。

社会上总有一些人，他们不管党政干得好不好、不论上级对不对、不问事情真与假，总要提出否定的观点、意见与口号，目的是体现个性、体现自我存在，提高自己的知名度，他们害怕被社会所忘却。他们只恐社会不乱，是社会进步的绊脚石，遇到这样的人要避而远之。

人际关系确实复杂，是是非非、恩恩怨怨、千丝万缕，讲不明白、道不清楚，特别是某些朋友之间，当他们关系友好时，愿为朋友两肋插刀、献身卖命，一旦发生矛盾，立即翻脸无情，只想将对方置于死地。其实，人际关系还是保持适当距离好，好不要过度，不好也不要过度，只有这样，才不至于少一个朋友、多一个敌人。

做好人难，做好事也难，好人做好事更难。自以为是好人好事，他人却不一定认同。要想做好人，需要与坏人做斗争，有斗争必有矛盾，就会遭到打击；要想做好事，需要有所表现、有所作为、有所奉献，但是，做好事难免得罪人，就会带来矛盾，就有负面影响；好人做好事，最怕得罪人，但偏偏容易得罪人。

在正常的环境下，很难看出谁讲诚信、谁是骗子；在短暂的交往中，很难了解谁是好人、谁是坏人；在平凡的事务中，很难知道谁有能力、谁没水平。“路遥知马力，日久见人心”，不要轻易相信别人，也不要轻易怀疑他人；不要轻易肯定别人，也不要轻易否定别人。要全面了解之后，再作出判断。

什么人是强者？什么人是弱者？其实两者没有定势，可能互换互变。当弱者受到保护之时，就像穿上“铁甲”，自然从弱变强，面对穿“铁甲”的弱者，强者只能忍让，不敢博弈、不敢相争，由此导致强者变弱、弱者变强。按理说，社会是平等的，本不该有强弱之分，更不该给弱者穿上“铁甲”，否则有失公平。

太计较小事的人，肯定干不了大事，因为斤斤计较会导致离心离德；太不计较事的人，肯定干不成事，因为失去原则自然稀里糊涂。人既要懂得算小账，更要懂得算大账，既不要斤斤计较，又不能稀里糊涂，小账与大账、计较与糊涂之间应有个度，把握这个度，才能赢得支持和拥戴，把握这个度，才能把握住成功机会。

想与什么样的人交朋友，先要让自己成为什么样的人；想与什么行业打交道，先要让自己从事与该行业相关的职业；想成为某个行业发展的引领者，先要让自己成为行业内中坚的力量。做人不仅要将追求当动力、将理想当目标、将赢家当偶像，还要挖掘内在潜能，坚持不懈努力，实现人生目标，成为真正赢家。

人与人之间的信任链不一定都牢靠，有时候说变就变。比如：感情信任链会随着爱情、亲情、友情关系的变化而变化，一旦发生矛盾，信任链立即断裂；利益信任链同样容易断裂，如果利益共同体成员内部发生矛盾，利益信任链很快会变成官司链；价值观信任链相对稳定，在某类精神、信念或信仰的作用下，比较容易维持。

人的一生中，肯定离不开他人的帮助与支持，互相帮助是社会的基本道德规范，多数人就是靠互相帮助，才渡过难关、走向成功的。但是，有些人在困难时依靠别人渡过，一旦情况好转就翻脸无情；也有一些人从不帮助别人，而会千方百计依赖别人，还将责任与风险转嫁他人，这类人非常可恶，务必多个心眼，否则后患无穷。

都说朋友、兄弟能共患难、同甘苦，其实很难说。如果不是同心同德、不能真诚相待，那就不可能患难与共；如果受到客观条件的阻碍、影响，同样不能实现同甘共苦。不论是朋友、兄弟，还是股东、伙伴，除了友谊与感情基础之外，也讲究利益和目标一致，如果感情与利益背驰，共患难、同甘苦将成为空话。

社交过程中，会碰到各色各样的人，有可交的，也有不可交的，有可信的，也有不可信的，有表面应付的，也有真诚相待的，有耍手段的，也有真心帮忙的……总之，形形色色，无所不有。社交过程中，有时顾于面子，不想计较，也不想讲破，而对方却不知好歹、得寸进尺。有时候，回避是种办法，摊牌也是一种办法。

很多人与事，真伪分不清楚，听起来好像是真的，看起来又觉得不像，就算曾经有所了解，过去与现在已经不同，人在变，事也在变，变化之中的人与事，不能用简单的眼光与思维来鉴别；面对真伪难辨的人与事，不要着急、不要追查，而要用时间来证明，只要通过不断的观察，就会知道真伪。

霸气与大气、阔气有密切联系，霸气之人，志在成就大业，必须显得大气，表现理当阔气，三者合一者，必成大事。但是，世上往往有不少霸气的人，却特别小气、小心眼，不但什么利益都要、什么好处都独吞、什么好事都不做，而且听不进逆耳的话、容不下不同意见的人，这样的人，既成不了大业，也走不了长路。

人为什么会变坏？与欲望高相关，欲望越高越容易变坏，人们为了满足欲望，就会采取一切措施，也包括不择手段。如何防止自己变坏？首先要降低欲望，其次是从实际出发，再次是量力而行。变坏的人怎样变好？降低欲望、淡泊名利、改善心态、乐于公益、善于奉献、修身养性、修行遵道、顺其自然。

人变好变坏是个未知数，事业成功失败也是个未知数，一般来讲，人变好变坏与事业成败没有必然关系，但是，人的内心是否变得越来越强大、能力是否变得越来越强劲，与其事业的成败直接相关。追求事业发展而受到打击与考验的人，内心会变得越来越强大，能力会变得越来越强劲，但人可能变得越来越坏、越来越精。

别人对你客气，别当自己有福气；别人对你礼貌，别以为自己受人尊重；别人对你尊重，别以为自己高人一等。世上确有这样的人，自以为有福气、有地位、了不起，经常摆谱、傲慢，喜欢发脾气、显个性、装样子。其实，人与人都差不多，没有谁特别了不起。人无高低贵贱，离得近了，谁都有平常的美丑与善恶。

表面激动，也许内心平静；表面平静，也许内心激动；表面端庄，也许内在零乱；表面随便，也许内在严谨。表象可以反映内在，但表里并非完全如一，也许更多是相悖的。故看人不能只看表象。俗话说，“人不可貌相，海水不可斗量”，世间万事万物，我们往往只能看到表象，真相未知。与其观外，不如观己，看清自己才能看清别人和这个世界。

与人交流中，可以看出几种人：一边听，一边不断地问的人，肯定是认真好学的人；一边听，一边争着表达观点的人，肯定是感觉良好的人；一边听，一边眼睛不停转的人，肯定是聪明伶俐的人；一边听，一边带着微笑并点头的人，肯定是讲究礼貌礼节的人；一边听，一边眯着眼睛不吭声的人，肯定是内心高傲的人。

所谓智者，是指获得智慧、拥有智慧、具备综合能力的人。智者既具备很高的智商，又具备很高的情商；既有很强的记忆力，又有很强的想象力；既有渊博的知识，又有超常的思维；既有很高的理论水平，又有很强的践行能力；既懂得继承与扬弃，又善于开拓与创新；既能把握发展方向，又能控制意外风险。

所谓智慧，狭义上是指人类的一种高级的综合能力，包含感知、记忆、理解、联想、逻辑、辨别、计算、分析、判断、包容、决定等多种能力。也是指人类的一种可以深刻地理解人、事、物、社会、宇宙、现状、过去、将来，能够思考、分析、探求真理的能力。具备各种能力，才能算有智慧。

“人之初”几乎是无知、无畏、自私、自由的，经过父母呵护、示范、训教和老师指导、身传、培育，人性会发生根本性变化。良好教育之下，人们会虚心学习、遵法守规、扬美扼丑、知情达理、善良厚道；邪恶诱导之下，人们则不学无术、违法乱纪、违背伦理、胡作非为。可以说，好人和坏人都是教出来的。

有些人，在位的时候自以为很了不起，有意扎台型、有意摆谱、有意高高在上，通过手中权力，将自己装成很了不起的人物，想通过“形象塑造”来获得他人的尊重。其实，他搞错了，一个人能否受到尊重，关键取决于他是否值得尊重，尊重靠威望来获得，而不是靠淫威去得到，如果连这一点也不明白，终究会失意。

刚接触时关系就搞得很亲热，说不定以后变成冤家；刚认识时觉得不温不热，说不定能成为永远的朋友。做事也一样，不要只顾眼前利益，而要看长效、看发展、看未来。当下不看好的事，说不定未来会变好；当下觉得很好的事，未来不一定好。看人要看久，看事要看远，用变化与发展的思维去面对未来，相信一切皆好。

是不是战友，一起战斗过才知道；是不是同学，一起同窗过才知道；是不是同事，一起工作过才知道；是不是朋友，一起交往过才知道。要想知道一个人与你到底关系如何，需要经历与过程来证明，尽管有些人和你一起扛过枪、同过窗、共过事、打过交道，不一定就是你的战友、同学、同事或朋友，一切看有没有真感情。

什么样的胸怀，成就什么样的事业。一个心眼特别小、特别计较个人得失的人，不可能容得下人才、听得进意见，这种人待人疑神疑鬼、做事举棋不定，终究成不了大器；要想成就大事，首先要懂得包容、懂得爱才、懂得放手，其次是完善机制、明确规程、共创文化，再次是搭建平台、诚心合作、携手共赢。

一个人有没有真本事，平时很难鉴别，即使他平时会写、会说、会想、会干，即使他平时显得很能干、有魄力、水平高、有智慧，都无法证明其是否真有本事；俗话说，“烈火见真金”“是骡是马要拉出来遛遛”，只有通过激烈竞争与不断考验，只有在危难、紧急或特殊状况下，才能证明一个人的真功夫与真本事。

人们将千里马比作贤才，将伯乐比作举荐贤才的领导或识才之人。贤才本来就是贤才，并不是因为有人识才而变成贤才，也不会因为没人识才而变成庸才；如果真的是贤才，不怕没人识才提贤，即使没人提贤，也可以自辟山门、自立门户；人不怕没门道，最怕没本事，如果是真英雄，就不怕没有用武之地。

有人说：“人才、人才，人是人，才是才，很多人并非都是才。”其实，这种说法并不正确，从“存在即合理”的角度来看，每个人都有特长、优势与才华，未被你所用，并不是因为他无才，而是他不是你所需之才。选才犹如选购材料，重在适用、合理与相配。我们在选才之时，要追求符合需求，而不可否定他人之才。

一个人爱折腾，不是他不懈努力、不断钻研、自我完善的表现，而是他犹豫不决、蓄意拖拉、自恋自负的思维与行为的表现。比如某些人为了某些事，该了结的拖而不决，该上报的匿而不报，该审批的卡而不批，该脱离的粘而不分。人为何爱折腾？不是他精益求精，而是他心中没数、能力有限、素质不高。

人才可分为专才与通才，拥有专业水平、专业特长、专业能力的，从事专业工作、专业研究、专业服务的人，属于专才；拥有综合能力、综合素质、综合知识，善于组织协调、平衡控制、人际交往的人，属于通才。专才有专才的作用，通才有通才的优势。专才在于专，越专越有出息；通才在于通，越通越有前途。

精神贫富与物质贫富之间没有必然联系，更没有因果关系。因为，物质富有的人中，有为国家发展、社会进步、百姓幸福作出重大贡献的，也有贪污受贿、偷税漏税、违法乱纪的；物质贫穷的人中，有艰苦奋斗、自愿奉献、不计个人利益，并将自己一切献给国家和社会的，也有不求进步、不务正业、全靠救济的。

贫穷与富有，不仅指物质，也指精神，物质上贫或富与人品没有关系，也与对社会贡献没有关系，而精神上贫或富与人品、与对社会贡献直接相关。凡是精神富有的人，大多是品格高尚、自愿奉献、敢挑责任、心负使命的人，也是敢与腐败、邪恶、违法、逆道做斗争的人，精神富有的人，才是对社会贡献最大的人。

论对社会贡献大小，与贫富没关系，富人中有贪污受贿、偷税漏税、破坏环境或侵占国家资源的人，穷人中也有不求进步、贪吃懒做、混混日子的人，这样的人，不管富有或者贫穷，都会给社会带来危害。对社会贡献的大小，与贫富无关，而与人品相关，对社会贡献最大的人，大多是品格高尚的人。

智者、聪明人、愚人怎么划分？如果你给智者提个问题，他就能还给你个道理；如果给聪明人出个题目，他就能做出一篇文章；如果给愚人讲一番道理，他却听不懂你在讲什么。你到底是智者、聪明人，还是愚人？可以照此划分。智者、聪明人或愚人，并不由先天决定的，而是取决于后天是否不断学习、不断实践、不断思考。

“好”与“不好”是相对的，是不同阶层、不同人群、不同社会、不同角度、不同时期、不同人生观的产物。不必与观点不同或对立的人谈论自己的观点与想法，而要找志同道合的人共商事业、并肩共进。良禽择木而栖，君子择善而交，做任何选择的时候，我们都要筛选一番，好的搭档是成功的关键。

一生中，很有可能被人害、被人骗，害你的人大多是你的敌人，而骗你的人很可能是你的朋友、同学，更有可能是你的亲人。对敌人，总有防备之心，保持警惕，而对友人、亲人，很容易被感情打动，在无形之中被骗。人生无奈，不仅要严防敌人，也要鉴别友人。害人之心不可有，防人之心不可无。

要想他人为你做事，先要考虑你能给他人带来什么。你若能给他人物质满足，他人应该为你卖力；你若能给他人带来精神满足，他人愿意为你卖命。用任何人、做任何事，不要埋怨别人不认真、不努力、不忠诚，而是要考虑自己能给予他人什么。如果没给予，说明自己未做好；如果给予很多而他人没有做好，说明你用错了人。

讲话水平高不高与做人好不好没有必然关系。大多数骗子善讲会编，不少好人厚道、慎言、坦率，单从讲话水平看，很难分清是不是好人。讲话内容能否传播正能量，能否鼓舞人、激励人，这与人品直接相关。凡是讲话水平高、知行合一、传播正能量的，大多是好人；凡是口是心非、口蜜腹剑的，大多是坏人。

能力强、水平高的人，不等于素质高；而素质高的人，大多能力强、水平高；如果表面上素质高，而实际上没能力、没水平，那是装出来的纸老虎。综合素质高，是指内外兼修的人，他们不在乎表现自我，而是在恰当的地点、恰当的时间、恰当的场合，对恰当的人讲了恰当的话、做了恰当的事，这才是真正的高人。

不要与过于精明的人交朋友、做伙伴、做交易，否则会带来损失；不要与愚笨的人做知己、叙大事、谈人生，否则会带来后患；不要与执拗的人讲道理、谈是非、论公道，否则会自找麻烦；不要与自私的人聊奉献、谈互惠、求共赢，否则会白费心思。在生活、工作和社交过程中，会与形形色色的人打交道，需要鉴别而交。

微笑脸、慈祥脸、平淡脸，绷着脸、摆着脸、装着脸……将心情写在脸上，都是很正常的。但是，在什么场合笑着脸、在什么场合绷着脸，跟谁笑着脸、跟谁摆着脸、跟谁装着脸，却可以从中读出一个人的品性。每个人都有不同面，每一面都是真实的自己，不同情境下的表现都是真实的反馈。

每个人都有自己的价值评估系统，包括对轻重缓急的评估、对黑白是非的评估、对投入回报的评估、对人际关系的评估、对当下未来的评估，评估结果影响判断与行动。价值评估是件不容易的事，不少人因为价值评估出错，结果导致判断失误、行动犯错。价值评估需要有前瞻性，评估能否正确关键在于人品。

一般来讲，彼此不是多年知交、不是常聚的朋友，一般不会莫名其妙上门来找你；如果突然来拜访，应该是有事商量或求助，如果找你不谈事，只是叙叙旧、聊聊天，可能他在筹划大事，拜访只是给将来做铺垫。很多偶然背后可能有必然原因，如果不了解本质情况，应该提高警惕。

社交中，如果看不准、看不清、看不透，尽量不要轻易相信、轻易表达、轻易传播；如果盲目交往、盲目信任、盲目崇拜，可能带来麻烦与后患，轻则被蒙、被耍、被利用，重则被骗、被惩、被害。社交中，如果不曾相识，请勿简单定性，如果曾经相识，也勿轻易结论。世道在变，人性在变，黑白是非，实践检验。

为利而图的人、斤斤计较的人、只顾眼前的人，都是靠不住的人；借公助私的人、见利忘义的人、忘恩负义的人，肯定是无耻的小人；不孝不忠的人、心狠手辣的人、笑里藏刀的人，肯定是歹毒的坏人。虽然不能预测他人未来的变化，但可以通过当下对他人的行为的观察，推测他人的品格，提醒自己谨慎交际。

我原以为“在阴沟里翻船”是开玩笑的话，自从经历一些事情之后，让我深深感觉到，这话很有道理。本以为某些人可相信、可培养、可支持，事实上是彻头彻尾的小人。你是真心助人，而他却设局害你，这样的小人如果不好好教训，以后真的会害很多人。遇恶惩恶，是对社会的负责。

与君子交往，尽管有不周或过错之处，都会相互谅解；与小人交往，尽管认真或忍让，都有可能带来后患。将钱投给君子，可以放心委托，即使不赚或亏本，他也会给你满意答案；将钱投给小人，总是提心吊胆，尽管盯紧与交涉，也会血本无归。交朋友、做生意、交伙伴，必须首先摸清对方人品，千万不要与小人交往或合作。

一个人是否自私自利，不是靠自己说的，而是在接触、往来、交际、交易、合作过程中，被人看出、了解与证明的。自私自利的人往往会先得利、容易得小利，但他为了得利而表现出来的语言、行为与手段，会使他失去朋友的友情、亲人的关心、伙伴的信任。自私自利的人可能会得一时便宜，但最终会失去更多。

职业经理人不仅要有专业技术、管理能力、较高威望，特别要有忠诚度，必须忠于企业、忠于老板、忠于职业，如果做不到忠诚，再有本事的人也没用。不忠诚的职业经理人，对企业只有坏处而没有好处，他们没有事干会混，有了事做会弄权，不给满足会挑拨，掌握要素会夺权，因此，用人务必将忠诚度放在首位。

企业人才难找，是指忠诚的人才难找，如果人才不忠诚，这样的人才是定时炸弹，水平越高、能力越强，爆炸威力越猛。与其用不忠诚的人才，还不如用忠诚的凡人；与其到时被定时炸弹炸了，不如扎实运营、稳步发展。如何得到忠诚的人才？除了感情留人、薪酬留人、文化留人、期股留人之外，还要重视人品检验。

不同的人际交流，其过程与结果完全不同。如果双方或多方在同一频道上交流，会很轻松、很愉悦、很高效，如果双方或多方不在同一频道上交流，会心累、很烦恼、很低效；搭团队、寻合作、拓人脉，务必寻求同频道的人。能否同频，关键看四点：一是目标一致，二是思维相似，三是需求互补，四是善解人意。

外行人与内行人的水平差几个档次，业余者与专业者的水平差几个档次，初级专业人士与顶级专业人士的水平又差几个档次，由此可见，外行人与顶级专业人士比水平，差距不可计量。如果将外行与内行、业余与专业、初级与顶级人员聚在一起，谈论同一个话题，那么永远不能聚焦于同一频道。如果不在同频，很难产生共振。

人不能没有个性，也不能太有个性。没个性的人没亮点、没能力、没优势，引不起别人关注、得不到上级重用、赢不了别人支持；太有个性很容易被人排斥、被人孤立、被视为另类，领导不敢重用、同事不敢交往、部下不敢追随。按理说，每个人都需要一点个性，但更需要的是共性。脱离共性会被视为另类，失去个性说明无能。

帮忙是做好事，但帮忙过程中很可能帮了人家而“套”牢自己。有些人在请你帮忙时很恳切，一旦得到帮助之后，一下子变得很赖皮。本来是帮助他人，受帮助的人应该是记恩于怀，想不到是被帮的人解脱了，而帮人的人却入了“套”。人心险恶，不得不防。还是那句老话：害人之心不可有，防人之心不可无。

人品好与不好，平时很难看得出，一旦出现政治、经济、环境、人际等方面的变化或利益冲突之时，马上可以看出真正的人品。凡是经得住考验的，将会成为值得尊敬的人、值得深交的朋友；凡是经不住考验的，将会被世人所鄙视、被朋友所抛弃。人品好与不好，不是自己说了算，而要经得住时间检验、经得住事件检验。

做人做事，低调高调都是小事，人品好坏才是大事，多数人希望自己是好人，多数人希望与好人交朋友，但是交朋友要注意，这三类人绝不可交：一是不爱祖国的人；二是不孝敬父母的人；三是挖自己企业墙脚的人。因为，不爱祖国的人，不可能有爱心；不孝敬父母的人，不可能会善良；挖企业墙脚的人，不可能忠诚。

君子喻于义，小人喻于利。孔子认为，堂堂正正、品格高尚、善良慈爱的人为君子，君子讲义气、讲正义，敢于见义勇为、传递正能量；而小人却斤斤计较、为利而图、见利忘义。君子以大义为重，小人为私利为重，君子为国家利益而献身，小人为个人私利而不要命。君子因吃亏而赢得尊重，小人因得利而被人唾弃。

价 值 篇

资源具有空间局限性与时间局限性，如果脱离特定的空间与时间，资源将会失去应有价值；如果资源的条件与时机已经成熟，而没有充分开发与利用，很可能会过期作废；如果资源条件未成熟、未到开发与利用时机，而过早或过度利用与开发，可能导致资源损失与破坏。因此，既要充分利用资源，又要珍惜爱护资源。

有些资源属于个人或企业，如果深藏，只能独享或私享；如果拿出来，可以交换与共享。资源与货币一样，除了满足个人或企业的需求，也可以通过交换的方式来体现价值与获取资本，更可以奉献给他人或社会。不同的资源，有不同的价值；资源的价值在于利用，用不同的利用方法，可能换来不同的资源价值。

赚钱并不容易，赚了钱要珍惜，能省的尽量省，但面对公益与慈善，该捐的捐、该献的献，因为捐给公益与慈善的钱已不再是单纯的货币，而是一种价值、一种精神。有人以为会捐钱的人一定很有钱，于是千方百计地向“有钱人”借钱，其实他们想错了，做公益、做慈善体现的是人品与道德，而不应该用钱衡量。

为什么要加入共产党？为了实现人生价值。如何实现人生价值？关键看能否为国家、为社会多作贡献。如何才能多作贡献？一要多学有用知识，提高自身素质，做个有作为的人；二要听党话、跟党走，保持正确的发展方向；三要合法经营、依法纳税；四要多回报社会，多捐财物、多做好事。

“人”字一撇一捺很简单，每个人都会写，但把“人”字写好的并不多，写得太端正了不好看，太潦草了也不好看，如何写好“人”字？先练正楷，再练行书，然后再写草书。别看“人”字笔画很简单，但做人却不简单，做人犹如写“人”字，太古板不好、太潦草不好、太自由不行、太认真了也不行，做人要讲个性，更要讲原则。

很多人怀有好奇心，总是迫不及待地去追问、去猜测，觉得猜中了很自豪、很高兴，总觉得比人家早一点点知道谜底，也能体现自己的水平。其实，很多事不是谜，也不需要猜测，只要程序与时间一到，谜底自然出现。如果人人能将好奇心变成信任与尊重，社会将变得更加和谐与进步。

俗话说：“心急吃不了热豆腐。”事物有萌芽、成长（发展）、成熟的过程，这个过程也许比较短，也许很漫长，不管时间长短，都不要速求，不能过于勉强，否则，很容易半途夭折或前功尽弃；很多事，不要完全用经济的思维去考虑，不要太功利，更不要太计较，如果付出能够换回社会认可，也是一种价值体现。

被认可是一种价值，当你的能力或水平、作用或奉献被他人、被社会认可时，证明你有一定价值；被利用也是一种价值，当你的专业、爱好、身份、人脉、关系、优势等被他人、被领导、被社会所利用时，也能证明你有一定价值。总之，人的价值在于被认可或被利用，所以要为被认可或为被利用而高兴。

有人面对发财商机时，心态发生严重变化，为了满足自身欲望，不顾合作方死活，玩起狮子大开口的把戏，导致内部矛盾激化，结果与商机擦肩而过。事实证明，心术不正的人，因为其不遵天道、不讲地道、不守人道，结果因失道而失去良机。人的福气来自积德，厚德才能载物，厚德才能载福，欲想积福，必先积德。

人的一生，由无数段片刻时间组成，片刻时间犹如珍珠项链上的一颗颗珍珠，只有通过精选并加工好每颗珍珠，才能串成精美的项链，如果中间有一颗或几颗珍珠质量有问题，那么这串项链的价值将大打折扣。要想人生有作为、有价值，必须严谨对待每段片刻时间，只有每段片刻时间都有作为、有价值，这样的人生才算完满。

钱是钱，人是人，时间是时间，钱可以换时间，时间可以换钱，人可用时间换钱，也可用钱买时间；钱币规格标准，时间分配均匀，不同钱能换不同时间，不同时间可换不同钱；不同人用不同时间换取不同钱，不同人用不同钱换取不同时间。在人与时间、与钱币交换过程中，人的价值天差地别。

在企业团队中，凡是计较基本待遇的，大多是能力一般、自信不足、努力不够的人，如果真有能力、真能创造效益、真的具备举重若轻的本事，那么，何必怕得不到高薪？何必怕企业不给位子？何必怕没有企业聘用？因此，当你真的有水平、有作为、有贡献时，就不必计较基本待遇，要坚信一旦被认可，价值就能实现。

布施是行善的基本行为，是想成为善良之人的途径，也是感染人们、引导人们走向善良、奉献社会的有效措施。布施形式多样、内容丰富，可以捐钱捐物，可以见义勇为，可以修桥补路，可以扶人一把，可以给人笑脸或点赞，无相布施是最高境界，不拘泥于各种形式，而是将自己的一生融于布施过程。

要想成为一位好老师，先要当好一位好学生；要想成为一位好领导，先要当好一位好部下；要想成为一位好老板，先要当好一位好员工。年轻人务必理解这个真谛，不论你想创业、办企业，还是想从教、从政，最好是先当学徒、先当员工、先做部下，当你学到、练好、修成之后，再求创业或高升，才会取得事业成功。

一个人能否受人尊重，不在于他曾经或当下有多强大多厉害，也不在于他有多风光多耀眼，而在于他在人们心中的地位。如果与他交往过的人们对他不认可，那么他再牛也没用。做人最重要的不是在位时有多风光，而是他下台后受多少人尊重。台上，别人看到的是你的地位；台下，别人看到的是你的人品。

人生成败不看结果而看定位，其定位高低会影响幸福指数。定位高而不能达标，往往自以为失败；定位低而超额完成，往往自以为成功。自以为成功的人，其幸福指数相对较高，可见，人生成败是相对的，而幸福指数是绝对的。明知定位会影响幸福指数，为何还要自我拔高？因为比幸福指数更加要紧的是实现人生价值。

死亡并不可怕，可怕的是消极面对人生，不求上进、丧失信心、不愿奉献、混日撞钟。有生必有死，这是所有生物不可改变的规律，也是人生不可能逃避的规律，既然不可能回避，也就没必要畏怕。既然来人间一趟，必须积极面对人生、奉献社会，实现人生价值。无愧自己，不负人生。

人都希望受到他人尊重，怎样才能获得尊重？每个人的标准并不一致。有人以为只要自己有权、有钱就能获取尊重，有人以为那些恭维就是尊重，其实并非如此。要想获得尊重，首先要让自己成为有价值的人，价值来自对他人或对社会的贡献与作为，只要有所贡献、有所作为，就能获得他人尊重与社会认可。

最近，有人在网上讨论："到底是富人对社会贡献大？还是穷人对社会贡献大？"许多人的回答都是片面的，因为，富人有富人的贡献，穷人有穷人的贡献，富人中有为社会作出贡献的，也有危害社会、靠腐败发财的，穷人中有为社会付出一切的，也有完全依赖社会生存的。

自己会做事，就有人认可你；自己会做人，就有人关照你；自己有出息，就有人支持你；自己成大业，就有人追随你。可见，能否赢得别人的认可、关照、支持或追随，关键靠自身。自己不会做事，别人不可能养你；自己不会做人，别人不可能睬你；自己没有出息，别人不可能帮你；自己没有成就，别人不可能服你。

人生由有限的时间与有限的空间构成，时间如经线，空间似纬线；经线越长越好，纬线越宽越强。经线与纬线的交叉点，是人生的经历与阅历，交叉构成的面，是人生的事业与成功，从点到面的构筑全过程，就是人的生存、生活、生命的全过程，人生的价值体现于经纬交结的虚实强弱之中。

时间是有成本的，时间成本是没有标准的，不同时间有不同的成本，不同人有不同的时间成本；有些时间用货币换算，有些时间用生命换算，有些时间无法用任何东西替代；有些人的时间在白白流逝，有些人的时间是无价之宝，有些人的时间决定社会与国家命运。决定时间价值的是人，决定人的价值的则是如何利用时间。

人是国家的一分子，必须遵守国家法律；人是社会的一分子，必须遵守社会公约；人是家庭的一分子，必须遵守家庭规则。在必须遵守的状况下，人先要学会适应、学习，学习守约、守法、守规，学到位了、充分适应了，就会习惯变自然，能够自然地守约、守法、守规，加上不懈努力，就会变成有价值的人。

人生如烛。只有敢于燃烧自身，放出点点光芒，给予他人方便，才能获得价值；如果静静躺在盒子里，不敢面对火种，害怕自身被烧，那么只能在常温中苟存。蜡烛遇到高温，即会变形融化，然低温之下，就会失去应有功能；所以只有忍着燃烧的痛苦，滴着泪与血，化作青烟，才能放出亮光，赢铸无悔瞬间。

一切正果，都由毕生精力、时间、智慧与奉献修得，种什么因，得什么果，种正因，得正果；从因到果的过程中，关键看修，修有修的果，不修有不修的果，修正因，得正果，修歪因，得孽果；只要不断修行、不断修炼，就会产生正能量、扩大修为、提高境界；只要不断付出、不断奉献，就能体现人生价值、结出正果。

要想自己有出息，就应该要认真学习、积极工作、努力拼搏、不断反省，只要坚持不懈、知行合一，肯定会有出息。要想自己有奔头，务必做到善于奉献、真诚服务，你奉献的力量越多，你的威望与地位就会越高，你服务的面越广，你就越会得到大众的认可与支持；当你的修为到达一定境界之时，就会赢得更多人的拥护与追随。

如果你将每一天都当作人生的第一天，你会感觉稀奇与新鲜，你会看到未来与希望，你会感受到幸福与快乐，你会积极向上与努力；如果你将每一天都当作人生的最后一天，你会珍惜生命与光阴，你会眷恋家人与亲友，你会善待友情与缘分，你会留恋世界与万物。人生能带着希望与寄托，去珍惜生命与光阴，才会体现价值。

到底是钱重要，还是生命重要、名誉重要？这跟不同阶段的需求相关。当人没收入、没饭吃、没钱治病之时，钱就是生命，也许钱比生命更要紧；当基本物质得到保障后，应该是生命比钱更要紧；同样，“君子爱财，取之有道”，名誉比钱更值钱，如果为了赚钱不顾尊严、失去道德底线，那么人生将会失去价值。

奋斗不一定成功，但不努力肯定不会成功，为了成功，必须努力、敢于尝试，即使不成功，人生也无悔。人生能否成功，不单靠奋斗，而与设定目标相关、与客观条件相关、与人品素质相关；在多种因素的支撑下，加上自身不懈努力，也许就会成功。人生是否成功，不能用地位与金钱衡量，而要看他死后有多少人怀念。

每个人有自己的生活习惯、业余爱好和专业特长，不管是领导还是管理者，都不能将自己的习惯、爱好与特长，拿来比照或要求部下。世界具有多样性，社会具有包容性，只有存在多样性与包容性，才能构成丰富的人际关系，人们才会向外追求交往、向内追求完美，在羡慕他人优秀的同时，让自身价值不断升华。

人的富贵荣华不是靠钱权堆积而成，而是由人生的价值决定；人生的价值与金钱地位没有关系，而是与对社会、民族、国家的付出与贡献等值；你对社会、民族、国家有多少作为与贡献，就能获得多少价值，人生价值的累积，才是真正的富贵荣华。努力做一个对别人、对社会有价值的人，并感染更多的人。

男人应当敢做、敢为、敢担、敢当，敢做是能力、敢为是魄力、敢担是勇气、敢当是魅力，有能力、有魄力、有勇气、有魅力的男人，才是真正的男人。反之，如果顺境时唱高调、逆境时怨天地、发财时吹牛、亏钱时推卸责任，就谈不上是真正的男人。做人要有原则和底线，才能得到尊重。

一个人钱多不多、位高不高、权大不大、成就或失败，这些与人品好不好没关系；一个人威信高不高、交友可靠不可靠、做事靠谱不靠谱、有权是否为民众、有钱是否作奉献、位高能否不忘本，这些与人品好不好直接相关。人品好，威望自然高；威望高，就会赢得支持与追随；支持与追随的人越多，越能体现人生价值。

先私为己，先公为人，得小利易失大义，先公者能成大业。凡是斤斤计较、自私自利之人，逢利益必争、遇好事必得，如此行为易被人看轻、看扁、看透，长此以往，人们必躲避他、远离他、抛弃他。要想成就大业，必须先让利于他人，必须与团队、客户共享，以先公之举，获得尊重、赢得拥戴，终究成就大事。

智慧篇

如何鉴别万事万物？不仅会“看相”，而且要“知道”。“看相”学问很深奥，如果仅会静态地“看相”，就会被表象所迷惑，容易作出错误决策、采取错误手段、造成错误后果；要想真正了解事物本质，必须学会动态、全面与发展地“看相”，了解或掌握事物本质与规律。只有练就“看相”本领，才会真正“知道”。

过度信任别人，是一种错误；过度怀疑别人，同样是一种错误。对任何人、任何事，都不能过度信任或过度怀疑。尽管有些人值得信任，但不能变信任为迷信；尽管有些事值得怀疑，但不能变怀疑为否定。人在变、事在变，在变化中的人与事，不能简单地下结论，随势随变而定，可能会有较好的结果。

不想不干，等于废人，空想妄干，实为狂人；想而不干，等于白想；干而不想，实为乱干；干后再想，肯定后悔；边想边干，可成七分；边干边想，可成一半；想到即干，能办小事；想好再干，有所成绩；会想会干，可做管理；敢想敢干，可当领导；想透干好，能成一生。

人喜欢赚钱，人喜欢换空间，钱可以换空间，空间可以换钱，钱与空间诱惑人；人大多是为了钱多赚一点、空间多增一点而拼搏。明知“广厦千万间，夜睡半张床”，却偏偏为此耗尽毕生精力，去获取无止境、无边际的金钱与空间。放下才会轻松，放空找回自在，看透始得快乐。

人际关系的形成或断裂，不仅与亲情、友情相关，又与爱好、志向相关；不仅与工作、业务相关，也与好处、利益相关；不仅与环境、条件相关，更与脾气、性格相关。很多人际关系是靠亲情、友情、工作、业务来维护，更多人际关系会因利益、爱好、性格、脾气而断绝。良好的心态，是处理好人际关系的基础。

万事万物皆有相，所谓相，是万事万物本质的反映，相有真相，也有伪相，有表层相，也有深层相。为什么万事万物表相不相同？这与事物本质相关，与事物内在联系相关。到底是什么东西产生了万事万物？是什么东西造成了万事万物的不同本质？是什么东西使万事万物普遍联系且对立统一？也许这个东西叫“道”。

不能太聪明，聪明过头会变奸刁；不能太老实，老实过头会变愚蠢；不能太热情，热情过头会令人起疑心；不能太冷漠，冷漠过头会伤人心。任何人、任何事都不能过，凡是过度了，都会引起质变。如何把握住度？要从注重人品、提升智力、体现真诚、尊重人格出发，努力获取自身利益时，要尽量考虑多方关系与共赢。

人是活的，事是死的，有本事的人能将事做活、做成功，没本事的人会将事做死、做失败；任何人做任何事，都要认真对待、正确评估，既不能缺乏信心、胆怯怕事，又不可自吹自擂、骄傲自满。能力水平到底怎么样，关键看结果、看成果。是金子总会发光，认真做事，谦虚做人，总会被看见。

“悟空，你看到的是真相，你师父看到的是心相。”观音菩萨的一句话，证明不同人、不同角度、不同能力、不同胸怀，看人、看事、看问题都不一样。表象与本质能否合一？真相与心相是否一致？很难说。很多“相”，连唐僧、悟空都看不透，别说凡人。虽然菩萨看得很清楚，却总是劝世人学会包容。

人离不开家庭、朋友、群体，更离不开社会；如果容不下家人，只能做漂泊客；如果容不下员工，只能当个体户；如果容不下朋友，只能成孤独者；如果容不下社会，只能当隐居者。因此，人务必要有包容心，有多大的包容心，就能干多大的事业；有多大的胸怀，就能搭多大的平台；有多善的良心，就有多大的福报。

做人不但要给自己留后路，也要给相关方留后路，不但求有福同享，也要保有难同当；有时候，逼别人就是在逼自己，逼人太过，物极必反；如果给相关方太大压力，反作用力也会更大。人生过程中，谁没有失误过错，若能多回头想想，就不会做太过、说太过。忍一下平安无事，退一步海阔天空。

一个人能力怎么样、水平怎么样、为人怎么样、品行怎么样，自己应该知道，周边的人也应该知道，所以，不要在乎别人说三道四，不要顾及别人评头论足。品行是做人的前提、做事的保证，自信是勇气的源泉、成功的基础，明白这些道理，才会满怀信心、正视自我、把握机会，才会调和关系、树立威望、走向成功。

在瞬息万变的时代，不能不变，不能乱变，不变者等死，乱变者找死；变是永恒的，变是无规的，知变方能应变，顺变才能得胜；有时要随机应变，有时可以不变应万变，变与不变，全凭智慧。面对多变的人与事，有时要灵活，有时要讲原则，灵活不可奸刁，原则不可死板；要想以变应变，请务必了解本质、掌握规律。

“想得通、放得下”其实并没有那么简单。天下很多事，就是因为人们想不通、想不开，所以带来许多烦恼与痛苦；就是因为舍不得、放不下，所以带来许多麻烦与后患。明知道想通、想开可以换来快乐，为什么自找烦恼？明知道舍得、放下可以减轻压力，为什么捏住不放？这与个人智慧相关，期待提升境界。

一件事情成功不算成功，整体成功才是成功；一段时间成功不算成功，一生成功才叫成功。很多人因为某件事、某阶段成功而荣幸、骄傲、开心快乐，也会为整体成功、一生成功而担忧、辛劳、努力拼搏。人生就是实现一个目标又向另一个目标奋勇前行的过程，人生总在艰辛努力中苦中作乐，总在艰苦奋斗中感受幸福。

精神是前行的基本动力，信仰是精神的基本支撑，期望是信仰的基本前提。如果对组织、对社会、对未来、对前途、对后代不抱期望，那么追随信仰又有什么意义？如果失去对信仰的追随、支撑、寄托与依赖，那么精神动力的源泉又靠什么来支撑？如果失去精神动力源泉的支撑，那么做人活着又有什么意义？

种下的是祸根，收回的是灾难；种下的是善德，回报的是幸福。任何人做任何事都要明白，自己到底在播种祸根，还是播种善德。如果有意或意外播下了祸根，必须尽快铲除、及时挽救，以免后悔莫及。同样，别以为种下善德必有福报，如果过程控制不好，或者受到外力左右，善德也许变成祸根，故做事必须慎重。

走一步想一步的人，很难成功；想一步走一步的人偶然成功；走一步想两步的人可能会成功；想两步走一步的人大多能成功；走一步想多步的人基本会成功；想多步走一步的人肯定会成功。是走后再想，还是想后再走，是边走边想，还是全面思考再走，成功概率完全不同。要想提高成功概率，请认真思考、谨慎前行。

佛经有世俗谛与胜义谛之说，世俗谛要求做人要善于布施，要为社会、为国家不断做好事、作贡献，胜义谛要求将做过的好事全部忘了，认为自己未曾做过好事，然后不断地做好事。积德是“二谛”的具体表现，到底自己有无积德、积了多少德，只有天晓得。人在做，天在看，问心无愧，是对天地的敬仰。

人的性格、专业与追求，与职业生涯有着必然联系，比如：要想从政当官，必须经得住被打击的考验；想成名师大家，必须经得住长期寂寞的考验；要想创业发财，必须经得住亏本的考验。只有性格、追求与职业生涯相符，才会幸福，否则，肯定痛苦。不经人间事，不知其中味，相信我们总能找到适合自身发展的道路。

人们的礼节性用语中，常常说祝您“平安！快乐！长寿！幸福！”看表面其内容差不多，只是用在不同场合、不同对象而已；但从本义来看，其层次与内涵完全不同：平安，是针对生存环境而言；快乐，是针对生活场景而言；长寿，是针对生命追求而言；幸福，是针对人生目标而言。理解词语本义，才能准确用语。

什么是人类生存、生活、生命和生产的必需品？其基本需求与目标差不多，都是为了平安、快乐、健康、舒适和发展。随着社会进步与经济发展，必需品也会不断地向着个性、高端和满足人们精神方面的需求延伸、派生与发展，所有延伸与派生出的必需品，都将成为社会经济新的驱动力，推动社会经济进步与发展。

一个人的无知，会带来很多事情的失败；一个人的失败，会造成一个家庭的困难；一个人的固执，会造成亲友关系的僵化；一个人的弄权，会造成一个团队的矛盾；一个人的腐败，会带来一个组织的损伤。人是家庭的人、组织的人，也是社会的人，任何人做任何事，不仅要考虑自身成败，更要考虑对家庭或组织的影响。

很多人听过“盲人摸象”的故事，会笑盲人偏见、固执与无知，但如果从对整个世界的认识来看，我们都是盲人。我们顶多只知道或了解自己见过的、听过的、学过的、干过的、体验过的那一点点知识；即使见过、听过、学过、干过、体验过的事，也并非都知道与记得。

做了正确的选择，有可能修得正果，也有可能得到恶果。做任何事，从选择到结果的过程中，变数很大，有可控的，也有不可控的，有人为的，也有客观的，有可预料的，也有意外的。别以为深入调查、认真论证、正确选择就行了，其实更多的变数在后头，更多的困难在过程中。正确决策、认真执行、及时修正，方得正果。

发展战略是为了美好未来，如果当下该做的事没有做好，那么发展战略就是一个空想、一纸空文、一句空话；未来能不能成就大业，那是今后的事，当下最要紧的是处理好每件事务、解决好每个问题、协调好各种关系、发挥好大家才能、完成好每项任务。只有做好今天，才能发展明天；只要活好今天，才有美好明天。

千里马因伯乐而得到重用，如果没有伯乐，千里马可能回归大自然，变成脱缰的野马，成为一群野马的核心，起着领导或领袖的作用。千里马照样是千里马，只不过因伯乐而被重用，也许没有伯乐赏识与推荐，千里马会有更大的空间，发挥更大的作用。伯乐可以让千里马称臣，没有伯乐千里马也有可能变成天马。

真的是“世有伯乐，然后有千里马”吗？我认为这种说法不正确。千里马是日行千里的宝马，在伯乐发现之前，本身就是千里马，并不是因为遇到伯乐而变成了千里马。伯乐只是慧眼识宝马，是发现者，而不是发明人，千里马不是为伯乐而生，也不会因伯乐死去而消失。

不管当多大的官，总有下台的时候；不管是多大的老板，总有坎坷的时候。如果口碑不好、威信不高，那么就算官当得很大、事业做得很大、资产积累得很多，也会被众人所唾弃。“金杯银杯不如口碑”，当你走红得势的时候，务必树立口碑、善待他人，以免在失势的时候才想起口碑的重要性，到时悔恨已晚。

“不满足”是动力，“不满足”也是陷阱，动力与陷阱之间的界限在于度，度内是动力，度外是陷阱，推动人们走向陷阱的根源是贪欲，贪欲越强，离陷阱越近。几乎每个人都“不满足”，如果把握好度，“不满足”会带领人们追求与实现美好未来，否则，“不满足”将成为魔鬼，逼着人们犯罪，带着人们走向地狱。

“不满足”是人的天性，它犹如一颗种子，埋在人们心中，或当下、或曾经、或未来，这颗种子一旦发芽，就会暴露“不满足”的本性。正是因为“不满足”，人们才会奋发图强，或苦思冥想、或自找麻烦；正是因为“不满足”，人们才会联手同盟，或追求共赢、或争权夺利；正是因为“不满足”，才有生命不息、战斗不止。

“不满足”是好事，也是坏事，为了进步与发展而“不满足”，应该是好事；如果为了贪欲与私利而“不满足”，可能带来后患。“不满足”是动力，也是陷阱。为了实现“满足”，必须挖掘潜能、敢于拼搏、不懈努力；为了达到“满足”，也可能会盲目前行、陷入囹圄。“不满足”中的是非黑白，全靠自我把握。

“不满足”是一种动力、一种潜能，也是一种贪念、一种罪恶，“不满足”带来了新的驱动力，产生了新的生产力，改变了生产关系，造成了社会变革，推动了社会发展；“不满足”也带来了无数犯罪案件，制造了无数腐败分子，造成了新的社会矛盾。知足常乐，不知足则努力进步，只要知止就好。

个人的能量都差不多，差别在于有人愿意释放能量，有人却宁愿收藏能量；有人大胆展现能量，有人保守对待能量；有人给点阳光就会灿烂，有人在烈日底下暴晒也没感觉。能力不仅依赖于身体存在，而且依赖于精神存在，能量是不灭的，只要敢于显现，就会产生新的能量，通过能量集聚与传递，会变成强大的力量。

自由的空间与时间，是无聊、寂寞的空间与时间，也是修身养性、历练意志的空间与时间。如何有效利用自由的空间与时间？如何让无聊、寂寞的空间与时间变得有意义、有价值？这是检验个人的修身养性、历练意志的关键所在，也是证明个人前途命运的关键所在。

相由心生。一般来讲，表情反映内心、脸相显露心思、眼神验证心灵，从一个人的喜悦、忧愁、开心、郁闷、淡定、焦急、期待、自然、安逸、难过、坦然、害怕、和善、怨恨、大气、小气、稳重与轻浮等反应、表象与表现，就能分析与推测其生活、工作、事业、情感和身体状况，也可以从现状推测未来。

人的长相与命运没有必然关系，但为何能从“相”中看出与“命”的关系？从科学角度来看，主要是用分析、推理等方法，透过表象来探究本相，从一个人的语言表达、行为表情、穿戴打扮、肤质头发、精力体质、疤痕皱纹等，来分析与推测人的阅历、职业、地位、修养、知识、性格与处境等，从而推测其未来发展趋势。

交情交情，有交往，才有感情。人与人之间，如果不联络、不交往、不理睬，即使是亲人、亲戚、老邻居、老朋友、老同学，也会忘却、冷淡、陌生；如果经常联络、热情相待、串门聊天，即使是新朋友、新同事、新邻居，也会变得有好感、有情谊。看来“组织在于活动，交情在于互动”的说法有道理。

每个人都有欲望与理智，欲望是野性，理智是人性；欲望与理智平衡，野性与人性统一，才能保证人类进步与平安；如果欲望过强而理智失控，那么人将会变成脱缰的野马，狂妄自大，随时跌落深渊；如果非常理智而没有欲望，那么人也很难有前途。人需要欲望，更需要理智来平衡欲望。

做人做事要讲规矩，规矩是人们心中的那一杆秤，用来自我权衡、自我完善；规矩是社会群体共同遵守的底线，用来保证人性、保证道德；如果某个人不懂规矩、不讲规矩，他就会被多数人所排斥，就会被社会所淘汰；不讲规矩的人永远没出息、永远没伙伴、永远没朋友。所以，做事要先学做人，做人要先学规矩。

什么叫没规矩？是指不该做的做了，不该讲的讲了，不该问的问了，不该去的去了，不该想的想了，不该要的要了，不该碰的碰了；也指该做的不做，该说的不说，该问的不问，该想的不想，该承诺的不承诺，该兑现的不兑现，该走时不走，该留时不留，该承担的推卸。凡是与规矩相悖的想法与行为，都叫没规矩。

没规矩是指某些人不知而不问、不懂而不学、学了而不记、记了而不做、错了而不改、改了又忘记的行为，也是他们蓄意违背规矩的行为。这些行为表现了他们具有自以为是、我行我素、自强自大的脾气；说明了他们不拘礼节、自我张扬、自我展示的个性。这些脾气与个性，也许是成功的基础，也许是失败的根本。

“没有规矩，不成方圆”，但是，设定过多的规矩，同样不能“成方圆”。规矩不能没有，但规矩不能太乱，特别是不能用不同的规矩、不同的标准、不同的模式来规范同一件事；否则，又多又乱的规矩叫人无从着手、无法执行，还不如没有规矩。在政出多门、各自为政、自立规矩的环境下，必须统一规矩，才能构成方圆。

如果两个人站在不同的高度去观察同一个物体，永远讲不清楚高低；如果两个人站在不同的角度去分析同一个问题，永远分不清楚对错；如果两个人站在不同的维度去评估事物的体量，永远分不清楚大小；如果两个人在不同纬度去感受此时的温度，永远分不清楚冷热。如果没有统一标准，那就永远分不清楚对错是非。

人类因为拥有精神，才会派生文化、追求文明，才会创造物质、推动进步。如果说物质是精神的基础，那么精神就是物质的源泉；如果没有物质保障，精神就是空中楼阁；如果没有精神源泉，物质仅为了充饥解渴。片面追求物质满足的人，往往觉得精神太虚幻；如果失去精神支撑，物质最富有的人，也会觉得空虚。

一次发财叫偶然，一年发财叫运好，一生发财叫本事；一次亏钱是偶然，一年亏钱叫运差，一生亏钱叫无能。在环境复杂、市场多变、竞争激烈的形势下，浮沉赚亏很正常，企业倒闭不奇怪，作为生意人、商人、企业家应该明白这些道理，不要因一年赚钱飘起来，不要因一年亏损跳起来。经得起沉浮，才享得了荣华。

一个人有没有本事，不是自己说了算，而需要事实来证明；不靠别人来吹捧，而需要业绩来见证。一个人有没有本事，不能听简单表述，不能看表面热情客套，而需要时间与空间来验证。凡是比较优秀、考验合格、竞争优胜者，都是有本事的；凡是过程中被淘汰、被否定、被驱逐的，都是没本事的。希望你我经得起检验。

有本事的不展现，无人知，没本事的乱张扬，会出丑。有能力的不贡献，白苦练；没水平的乱做事，会害人。人离不开社会，更少不了社交，在生活与社交过程中，如果不展现，会被人看不起，如果不贡献，会没地位，如果乱想、乱说、乱干，就会打扰他人、扰乱社会。到底如何展现自我、把控自我？每个人心中有数。

口才好，基础是肚才好，如果没有渊博知识，没有研读经典著作，没有专业理论，哪来出口成章，哪来经典案例，哪来流畅表达？口才好，前提是肚量大，如果没有博大的胸怀，没有虚心求学的态度，没有良好的心态，哪来友善态度，哪来奉献精神，哪来真诚交流？因此，口才好，不仅要练演讲，更要奠定肚才、放宽肚量。

娓娓动听、能言善道、口若悬河、舌灿莲花、口才辨给、能言快语、伶牙俐齿、辩才无碍、滔滔不绝、利口捷给……都是形容人们讲话能力强、水平高，表达流畅、反应灵敏、善辩能说。其实，能够达到如此口才的人并不多，在特定的环境下，如果没有真才实学、没有身经百战，恐怕难以展现、无法彰显。

好好讲话比好好听话更难，好好听话还可以装，装得很认真、很欣赏，即使听不懂、不想听、听了记不住，也可以装得有模有样；但是，好好讲话就不一样，如果没有一定的讲话能力、没有充分准备、没有见过大场面，很可能不会讲话或者讲不好话。好好讲话，是门技术，也是门艺术，既体现水平，又展示能力。

如果你是一颗象棋棋子，应该摆正位子，服从下棋者指挥，完成应有任务，该冲杀时必须冲杀，该牺牲时必须牺牲，该让位时理当让位，该坚守时理当坚守，一切无怨无悔。如果你是一颗象棋棋子，应该明白一些道理：用你证明你有能力，不用你说明在保护你，不理你意味着让你等候时机；如果让你去牺牲，则证明你有奉献精神。

如果人生是盘象棋，先要明白不同棋子有不同功能、权利与作用：兵卒只能步进拼杀，而不可倒退；马可飞越，但受环境制约；炮可远打，但需要垫肩；车可横冲直撞，但常常四面受敌；相可以离宫，但不可出界；士忠于将帅，但不能出宫；将帅有权，但终身求自保。你想成为什么样的棋子？要做自我剖析、自我定位。

人生如棋，有时是棋子，有时入棋局，有时下棋子；人生如棋，有时是小兵，有时是车马，有时当将帅；人生如棋，有时会激进，有时很小心，有时求保命；人生如棋，有时会布局，有时被布局，有时入困局。人生如棋，各有其招，看清局势，不怕高招；人生如棋，变幻莫测，千局万局都有结果，平安健康才是好局。

做事是否正确，有没有好的结果，关键看心是否正、过程是否努力。“身正不怕影子斜”，心同样如此，心正不怕事歪，心好不怕麻烦，即便出了事，也能问心无愧。人生过程中，不管你做对做错，不论你心正心歪，都会有人指指点点，都会有人支持与反对。其实，只要自己做得对、做得好，就不用管他人是与非。

人的格局与其出身、处境、气量、魅力、能力、实力、定位、目标相关，什么样目标定位要有什么样的格局相匹配，什么样的格局需要什么样的气量、能力、实力来支撑。如果目标远大而格局不够，那是空想；如果格局很大而缺乏气量、能力和实力支撑，那叫摆空架子、玩虚花样。不论摆什么格局，都得做自我评估。

每个人的时间都是有限的，需要十分珍惜、充分利用，但又不能过度使用，一旦连续过度透支，意味着生命终结。每个人针对自己的时间，要合理调节、科学调配，该学习时学习、该工作时工作、该休闲时休闲、该休息时休息，按照时间与生命之间的默契与规律，做到既不浪费、又不透支，既不放纵、又不刻意。

人的追求目标，与他的学历、阅历、经历、生活、社交、思维、境界等相关。一般来讲，人的追求目标会随着各种条件变化而变化，或从近到远，或从虚到实，或从无到有，或从低到高，所有的变化，证明了人生事业的成与败、想法的是与非。尽管人的追求目标千变万化，但肯定是越来越实在、越来越可行。

思维是指人们的思考维度，不同的人有不同的思考维度，如果人与人之间不在同一维度上，思考问题很难产生共鸣；思维错度，犹如频道发出与接收总是错位，导致乱码、杂音、误解。不论是管理者，还是领导者，要想带好团队或组织，需要在统一思维上下功夫，如果都在同一维度上思考问题，容易将理想变为现实。

人与人之间关系如何，彼此心中有数，你待人是几分，人家还你也几分。如果你假情假意，人家也会无情无义；如果你真诚实意，别人也会真心相待。人际关系与房屋结构相似，讲究相辅相依。因此，对待友情、亲情，不能弄虚作假，不要做表面文章，否则，一旦被看破、揭穿，损失的还是自己。

别以为当下拥有大事业的人胸怀都很宽广，说不定他们中有人的事业是靠特殊关系、不择手段得来的，说不定他们中有人的钱财是靠投机取巧、坑蒙拐骗累积的。如果不是靠宽广的心胸，靠勤劳、智慧打造成的事业平台，最后肯定会垮台；同样，如果过分相信他人、缺乏防范之心，也会陷入困境。

思，向内多一点，考虑内在的、局部的、直接的方面多一点，属于保护、内收、本位的思考；想，外扩多一点，考虑外部的、关联的、整体的方面多一些，属于公心、奉献、开放的考虑。思想，就是既考虑细节的、具体的，又考虑大局的、全面的；既考虑自己的、私利的，又考虑大众的、国家的。

很多麻烦事，顺与不顺、能或不能、行与不行、成与不成，都与自己的能力、水平、实力、地位、威望等相关。如果自己很能干、有水平、有实力、有地位、有威望，很多麻烦的事，根本不是事，反之，芝麻小事也会变成大麻烦。不要抱怨麻烦事，改变自己才是最好最快的路，不然任何抱怨都不过是借口。

如果自己没出息，请不要埋怨别人、不要怨恨社会，别人没有欠你、社会没有欠你，要怨只能怨自己。如何消除埋怨？最好的办法是学会做事、懂得做人、树立信心、不懈努力，只有这样，你的能力、水平、实力才会得到提高，你的生活环境、工作环境、人际关系才会随之改善，你会赢得很多人的认可、关照、支持或追随。

文斗，靠宣传、舌战、论理；武争，靠谋略、偷袭、强攻。与疯子不要讲理，讲也白讲，对强盗不要客套，否则反而被笑；到了非战不可的时候，可以采取瞒天过海、围魏救赵、以逸待劳、声东击西、李代桃僵、顺手牵羊、打草惊蛇、借尸还魂、调虎离山、欲擒故纵、擒贼擒王等计。让疯子入瓮、强盗自缚。

忙与闲是相对的，看他忙什么、为啥忙、为谁忙，只要他认为值得，再忙的事也不忙，如果他认为没必要，不忙也说忙。“时间像海绵里的水，总能挤得出来”，关键看要不要挤，值不值得挤。当他认为急、认为要紧、认为必须时，总会挤得出来。忙是最好的理由，可以挤出属于自己的时间，让自己成为时间的主人。

有人说，没有失败过的人生不是完美人生。有道理。人生追求成功、追求幸福，也追求完美，成功是幸福的基础、是完美的要素，为什么人生非要经历失败呢？这是因为，曾经的失败，是无法抹去的劫难，将会刻骨铭心，它会随时提醒人们小心谨慎、规避风险，它会保障人生更加成功、更加完美。

做人要牢记静、净、敬，静能安心，净能洁心，敬能尊心。无思、无念、无奢求，拒绝形形色色，回避是是非非，才能清清静静，平平安安；不增、不浊、不贪求，拒绝花花草草、回避红红绿绿、才能干干净净，清清爽爽；勿拍、勿压、勿乱来，待人平平淡淡、做事认认真真、对上不卑不亢、对下不骄不傲。

环境影响心情，心情影响环境，环境复杂会导致心情不佳，心情复杂会觉得环境不佳。心情是内部环境，身外是外部环境，如果内外环境相辅相融，自然舒畅、开心，有利身心；如果内外环境相冲相克，肯定难受、烦恼，不利身心。我们可能无法改变外部环境，但我们可以向内追求、改善本我、调衡内外、舒心生活。

思维与眼光、阅历、视野、知识相关，眼光决定思维远度，阅历决定思维深度，视野决定思维宽度，知识决定思维厚度。如果见多识广、阅历丰富，思维肯定活跃、周全、开阔，如果没见过、没想过、未听过、未学过，思维肯定局限。要想产生新思维，先要接受新事物、学习新知识、开辟新视野。

“走小路怕大坑，走大路怕小坑。”仔细琢磨，这句话很有道理，走小路的人，会相对小心，如果碰到小的坑坑洼洼，都会想办法避过去、跳过去，如果碰到大坑，那就无路可走；走大路的人，很可能抬头快步前行，无意之中会因踩进小坑而跌倒。一生中，要走很多路，不管走小路还是走大路，都要看清大坑或小坑。

对事的评估不准或预测不足，很可能作出不当的决策；对人的认识不清或了解不透，很可能作出错误的判断。做任何事，都要认真研究、调查与论证，在摸透、搞清、弄懂后，再作决策，并确保决策落到实处；对任何合作对象，都要充分了解、交流与考察，在认可、互信、达成共识后，再定合作，并保证合作共享共赢。

饮食的目的是保证生存、健康与长寿，而不是应付场面、图个口福、多吃多喝；请客应酬的目的是加强情谊与拓宽人脉关系，而不是凑个热闹、拼个高低、一醉方休。如果将目的与手段搞混了，就会被人笑为没出息的酒徒；任何事都有目的与手段之别，混则庸人，明则智者。保持清醒，遇事先思考目的是什么。

理智是平安幸福的前提，冲动是创新创业的要素；太理智的人没有拼劲，太冲动的人容易失败；理智的人需要激情与冲动，冲动的人需要克制与理智；理智与冲动之间协调与平衡，才能保证理智而不平凡、冲动而不草率。如何做到理智中带点冲动，冲动中保持理智？关键要看人的综合素质，素质高低要看自身修炼。

做文章先看命题，不一样的命题，有不一样的中心思想、内容、格式与文风，需要不一样的写作手法、论证和素材。要想写出一篇好文章，先要明确目的、理清思路、琢定命题，然后根据命题，找素材、搞调研、搜佐证、做文章，如果命题出错，再好的作者也会出错；为了写出一篇好文章，必须谨慎命题。

有人因为精神空虚而痛苦，有人因为物质拮据而担忧，有人因为人际琐事而烦恼，有人因为事业受阻而费心。人生不可能一帆风顺，过程总有磕磕碰碰，自我修复一下、克服一下、坚持一下，也许又是一片蓝天。人生的每一场经历、每一次打击、每一个坎坷，都是刻在心间的故事，牢记每一个故事，就是累积人生财富。

追求平等要用正当、正义和合法的方式；追求发展要有坚持、坚定和拼搏的精神；追求进步要有向上、向善和忘我的境界。人人向往未来、寄托未来、追求未来，要想实现美好未来，必须选择合法的方式、坚守拼搏的精神、拥有忘我的境界。未来即来，如果不能把握当下、珍惜当下，未来到来时肯定会后悔。

人与人之间的客气或尊重，只适用于讲道德、守法纪、同命运的人与人之间；按理说，谁是同类？谁值得客气与尊重？用什么样的客气或尊重的方式来对待？人人心中一本账。但是，这本账很难算准，如果心胸不开阔、头脑发晕、眼光短浅，往往会失算。尊敬别人是修养，不必为不值得尊敬的人放弃修养。

对人客气，就是对自己客气；对人尊重，就是对自己尊重。如果你摆着脸冷漠待人，那么别人肯定不会给你好脸色看，即使装着笑脸，心里保证不爽；如果你对人不理不睬或看不起，那么别人心里也看不起你，即使没权反抗，心里肯定记恨。人与人之间，尽管地位有高低、金钱有多少，但人格与人权应该平等。

做事情难与不难，与三个方面相关。一是与定位相关，如果定位过高、定位不准、定位太空，肯定很难，反之，比较容易；二是与努力相关，如果不肯努力、不想付出、不愿融入，肯定很难，反之，比较容易；三是与做人相关，如果人品不好、人心不善、人际不和，肯定很难，反之，比较容易。难与不难，与心相关。

成功是个人自身努力的结果，是贵人提携的结果，更是天赐机缘的结果。自身不努力，天上不会掉下馅饼；贵人不提携，有馅饼也轮不到你；天时不相助，即使吃到馅饼又有何用？一个人成功了，也别以为自己了不起，如果没有贵人提携，你拼命努力只是枉费心机；如果没有天赐机缘，贵人与你只会擦肩而过。

一生中，如果没有贵人指点与提携，那就不容易有所成就；如果自己不努力，那就不可能有贵人认可。要想有所成就，必须努力奋斗，用自己的行动与表现，来赢得贵人的肯定与关照，两者相融，必有前途。努力过程中，必须踏踏实实、认认真真，不玩投机取巧，不搞虚情假意，不去溜须拍马，否则，一旦被识破，万般皆空。

碰到竞争对手之时，不能与其硬拼，而要感谢竞争对手，因为对手使你变得更坚强、更努力、更智慧，因为对手令你选择更好的生存之路、前进之路、发展之路；如果碰到行业鳌头，千万不要与其博弈，因为你既没有资格相搏，又经不住折腾，最好的办法是主动融入，争取保存实力、卧薪尝胆、等待时机。

考虑问题细不细，掌握情况具不具体，汇报工作全不全面，与其能力水平没有直接关系，而是与其做事是否认真，愿不愿意思考，用不用心相关。不论做什么事，尽管能力强、水平高、智商高，如果不认真、不思考、不用心也等于零。能否做好事情，关键看其是否用心，心到才能事成。

时间在变，空间在变，空间随着时间变化而变化，即使表象变化差异不明显，但具体内涵变化很难说；任何空间的呈现，都是空间与时间交叉定格下的现象，不同交叉点呈现不同的现象。犹如一个人不能两次踏进同一条河流一样，不能用固定思维去认识曾经的空间，而要正视岁月流逝的现实去认识变化中的空间。

人生分三个层面，一是物质人生，二是艺术人生，三是信仰人生。物质是生存基础，离开物质等于失去生命；艺术是生活依托，有艺术才有生活乐趣，活得丰富多彩；信仰使生命升华，给精神带来信心，信仰支撑精神，信仰让人懂得珍惜、追求与奉献。不同层面有不同的人生观，三层合为一身的人生，才是美好人生。

如何保持良好心态？该开心时开心，该快乐时快乐，该想开时想开，该放下时放下；不该看的不看，不该想的不想，不该问的不问，不该听的不听，不该管的不管，不该担心的不担心；成功时不骄傲，失败了不抱怨，道同者多交，道不同回避；轮到吃时就吃，轮不到时不馋，轮到表演时要大胆，轮不到说话不插嘴。

如何保证人身安全？该注意的必须注意，该认真的理当认真，该小心的务必小心，该遵守的务必遵守，该懂的规则必须懂；不该去的地方不去，不该想的人事不想，不该拿的钱物不拿，不能碰的东西不碰，不该交的人士不交；该回避时回避，该低调时低调，该学习时好好学习，该求人时懂得求人，该防范时提前防范。

量力而行与努力奋斗，互不矛盾，这是不同情况下的不同要求。量力而行是在客观条件不成熟的情况下，尽量做些力所能及的事，不能违背客观规律而为之；努力奋斗是在“天时地利人和”相融的大势之下，充分发挥主观能动性，要通过多种途径实现目标。什么时候量力而行，什么时候努力奋斗，需要思考与智慧。

有多大格局搭多大平台，反之，有多大的平台，就摆多大的格局。如果平台大而格局小，可能造成资源浪费；如果格局大而平台小，可能影响发展前途。平台是人搭的、是人选的、也是人加的。搭平台在于战略，选平台在于格局，加平台在于眼光。战略不定，平台必乱；格局不配，平台无望；眼光不准，平台冷落。

在共享、共赢的大环境下，仍然有人在追求独享、独赢，自以为只有他才有资格与权利享受利益与成果，于是，在利益面前从不让步，从不考虑相关人员的感受，这种自私自利的人，迟早会被时代淘汰、被世人唾弃。在追崇互惠、协作的大势下，必须倡导共享、共赢，否则，就没人愿为你卖力，没人愿与你合作。

一个人如果固执地往死胡同里钻，拉都拉不回来，如果固执地只从自己的角度思考，结果会导致问题解决不了、矛盾越来越大。人生不容易，凡是遇到不畅、不利、不好的状况，建议尽量冷静思考，将前因与后果、表象与本质、当下与未来、个人与家庭、利益与名誉等认真周密地考虑个遍，总会找到思绪，有利于问题解决。

很多人习惯站在自己的角度考虑问题，容易产生自私、排外、对抗等情绪与现象，这种情绪与现象容易阻碍共识，容易产生问题、误会与矛盾。在追求共享共赢的大势下，建议改变惯性思维，只有换个角度看问题，才有利于改变认知的宽度、广度、深度，有利于问题的解决，有利于共享共赢。

有人会做事，但不会做人；有人会做人，但不会做事。做人与做事是一回事，也是两码事，如果两者相融，那是一回事，如果两者相冲，那是两码事。会做事，与人的智商相关，会做人，与人的情商相关；智商高的人，偏重于做事，情商高的人，偏重于做人；既会做人又会做事，才是情智双高的人。

为什么有些能力强、水平高的人当不了领导？可能是他缺少情商。为什么有些为人好、口碑好的人却发不了财？可能是他缺少智商。看人不仅要看优点，更要看缺点，尽管有些人优点很明显，但缺点也突出，常常是优秀的人，更容易遭人揭短，一旦缺点暴露，优点将被缺点所掩盖。要想成就事业，必须追求情智双强。

人际关系如何，可以从相互之间的招呼、交谈、表情、动作等细节或环节中听得出来、看得出来；别人对你如何，可以从人家对你的用语、语气、礼节、行为中听得出来、看得出来；你对别人如何，同样也可以听得出来、看得出来。人际关系如何，彼此心中有数，要想获得他人的善意或尊重，先要成为值得被善待或尊重的人。

思路决定出路。思路好与差决定一个人、一个企业乃至一个地区的前途，思路对与错决定一个人、一个企业乃至一个地区的命运。好的思路从哪里来？与决定者的知识、智慧相关。对的思路从哪里来？与决定者深入调查研究、注重客观事实相关。既然思路对错的结果天差地别，那就三思而后行。

处世篇

世界很多事，本来不是这么回事，被人误以为就是这么回事，误以为已经懂了、搞清楚了，其实并非如此，说不定不仅未搞明白，而且搞反了、搞乱了。其根本原因，就是没有了解事物本质，没有掌握发展规律，由此带来了认识错误、判断错误、决策错误。要想干一番事业，必须从识道、悟道、顺道做起。

能不能讲清是水平问题，想不想讲清是素质问题；能不能看透是智商问题，想不想看透是情商问题。人不仅要有水平，而且要有素质；不仅要有智商，更要有情商。水平高可提高生存能力，素质高可提高生活品质；智商高能提高物质条件，情商高能获得精神满足。人要高水平，更要高素质；人需高智商，更需高情商。

“既想放下，又不放心”，这是很多当领导的、做管理的、当父母的心理。这种矛盾心理，不仅制造麻烦，而且会害惨部下或后代。没有你地球照样转动，当领导的、做管理的或做父母的，请不要自以为是，不要认为没有你就不行，事实恰恰相反，只要你放心、放下，事情会更加顺畅、事业会更加发达。

父母有没有真本事，不仅看自身能量多强、人脉多广、事业多大，还要看能否培养出健康、快乐、善良、正能量的子女，能否教育出孝敬、文明、向上、能为社会作贡献的后代。繁衍与进步是人类成为世界主人的根本要素，一代更比一代强是人们的根本追求，父母总希望子女前途似锦，因此，务必用心呵护、培养与锻炼子女。

如何面对困难与问题？有人会深入调查、全面思考、积极面对；有人却害怕负责、设法回避、消极面对；有人会思前顾后、左右逢源、担心后患；有人却借题发挥、从中捣乱、浑水摸鱼。同样面对困难与问题，或面对同一个困难与问题，素质不同，表现也不同，目的不同，手段也不同。困难与问题是鉴别人品的标尺。

有人说："我要求不高，能开心快乐就行。"听起来好像是最基本、最朴素、最简单的要求，其实这是最难、最复杂的欲望。每个人都想自己开心多一点、快乐多一点，但事实上生活、工作、人际与事业，偏偏会给人们带来压力、困难、烦恼与忧愁；偏偏因为各色各样的人与事，很难实现开心快乐的目标。

这些年来，很多企业、项目、产品，概念很新、红得很快，倒下也很快；很多人、很多事，一下子冒出、一下子传开，又一下子都没了。这些企业、项目、产品、人、事，犹如过眼云烟，说来就来，说没就没。看看过眼云烟，思考当下未来，不要为红而红，踏踏实实，才能平平安安。

大千世界，无奇不有，你认可不认可，世界原本如此；唯上也好、随流也罢，看似缺少骨气，其实都有无奈。人来到世界，必须读懂社会，如果自我封闭，结果难以生存；如果太有个性，被人视为另类；要想轻松快乐，必须看得开、听得进、想得通。经历越多，看得越透，人会越活越自在。

镜子不擦不明，脑筋不用不灵。一个人如果到了懒得学习、懒得思考的地步，那么这个人即使知识渊博、智慧过人，也没有用。人的大脑承载着知识与智慧，个人的思维、知识与智慧，构成个人的智库，如果很懒惰、不思考、不动脑，犹如智库大门被禁锢，再活的思维、再多的知识、再高的智慧，禁锢久了也就废了。

格局很高，如果不落地，会变成空中楼阁；故事动听，如果靠编造，会成为空讲大师；战略宏大，如果靠吹牛，会产生严重恶果。发展需要格局，格局大小，全靠平台支撑；传播需要故事，故事好差，需要素材填充；发展需要战略，战略如何，要有战术保障。面对浮躁人生与复杂社会，既要仰望星空，又要脚踏实地。

如果只站在自己的角度考虑问题，问题根本无法解决；如果只为了自身利益琢磨合作，合作基本不会成功；如果只期待一本万利做生意，很难促成交易。做人也好，做事也罢，都得换位思考，先想想别人，再想想自己，先了解他人需要，再减少自身欲望，这样能提高成功概率，如果都是“单头想”，结果肯定落空。

大多数人是从无到有、从贫到富的，如果你还不富裕或者因败致贫，请牢记人穷志不穷的道理，如果到了人穷志短、自暴自弃的地步，那么永远没有出头之日；特别是曾经风光而跌败的人，更不能因败失志、因败失态，否则永远不会翻身。做人谁没有起起伏伏，不能因成败而移志，要努力做到成不可骄、败不失志。

不论是生意人还是干事业的人，除了坚持自己的定位与目标之外，面对不同的项目与交易，需要灵活应对。就是说，生意人也要积点事业心，没有事业心的生意人，永远没有发展前途；干事业的人也要读懂生意经，不懂生意经，肯定倒在前行路上。当干事业的人遇到生意人之时，理当放下身段，该出手时就出手。

做生意的人唯利是图，干事业的人既关注当下利益，更注重前途与未来。生意人与干事业的人站在不同层面考虑问题，两者各有优势、各有缺点。在长线投资项目的竞争中，干事业的人成功概率较高；具体交易场合中，生意人相对有优势。生意人或干事业的人身份也不是固定不变的，需要用不同的角色去面对不同项目或不同交易。

做人要诚实，做事要诚信。不论待朋友，还是对客户，都应该以诚相待、以心换心。商界中大多是好人，也有一些奸刁之徒，如果将诚心付错了人，很可能被坏人利用，搞不好会带来损失。生意场上，从表层很难鉴别哪个是好人、哪个是坏人，在未辨清之前，最好不要轻易以诚相待，否则，一旦诚待坏人，后患无穷。

造成失望是因为抱有希望，希望值越高，失望值也更高；如果不抱希望，也就不存在失望。由此可推，当你对某人、某事、某团队抱有希望的时候，如果达不到目标，或者事与愿违，就会失望。希望与失望是对立的，也是对等的，为了不因失望而带来痛苦，最好的办法是不要对某人、某事、某团队抱有过高的希望。

会想、会写、会干、会说，是做人的基本功。会想，说明脑袋灵光；会写，说明有文化知识；会干，说明四肢健康；会说，说明懂得交流。别看“四会”那么简单，其实并不容易，世上有些人不肯思考，有些人不会用文字来表达，有些人“大事不会干，小事不肯干”，有些人出言不逊、经常得罪人。

有生必有死，这是自然规律，谁也无法逃避。人生百年，如何用有限的时间与有限的能力，为社会、为民族、为国家作出超能量的贡献？这是每个人必须思考的问题。只有不断地、努力地奉献自我，人生才有价值，才能被他人、被社会、被国家所认可，才能不白活一世。

都说“低调做人，高调做事”，其实并非如此，低调或者高调，与人与事相关，做人也好，做事也罢，该低调时要低调，该高调时要高调，不可能保持一个调，也不能太离谱。有时需要低调、有时需要高调，有时唱出新调，叫人刮目相看。何时低调？何事高调？要应人、应事、应环境、应对象而定，不能一概而论。

做人要有格调，有格者入行，有调者入谱，入行者互惠，入谱者合唱；做人需要低调，但不能太低调，低调能赢得尊重，太低调了会被人视为无能；做人需要高调，但又不能太高调，高调可以赢得影响力，太高调会被众人排斥。人在社会，适者生存，低调也好、高调也罢，该低则低，该高则高，孰高孰低，全靠自己。

有些父母总喜欢越俎代庖，替子女做了本属于子女应该做的事，硬挤得子女没事可干，缺乏实践锻炼的子女，最终变成平庸之辈；凡是这样的家庭，肯定是一代不如一代，他们不仅害了子女，更害了自己，到老子女很有可能靠不住。爱孩子，就要让他们早日独立自主，让他们迎接人生所有的苦与乐。

脑海里的想法与思考，是自己内心的事，可讲可不讲，可写可不写，可变化也可以完善；写出来的文章或讲出口的话，那是给别人看的、给别人听的，写好写不好、说对说不对，总希望得到众人好评，但众口难调，搞不好会带来批评与否定。如何才能获得好评？一要提高素质、行善积德，二要深思熟虑、谨言慎行。

漂亮与丑陋，多智与愚蠢，能干与无用，博学与无知，高贵与贫贱，富裕与贫穷，少年与衰翁，强大与软弱，贪婪与奉献，积极与慵懒……为什么人与人之间千差万别？有的与先天相关，有的与后天相关；有的是客观存在的，有些是主观导致的。先天本无助，后天须弥补；客观本无奈，主观须努力。

心好容易被骗，这是不争的事实。某些骗子专门找那些心慈、心善的人下手，他们惯用说好话、拍马屁、献殷勤等手段，搞得好心人晕头转向、不分南北，在不知不觉中被蒙、被套、被骗。做人应该有慈善之心，但慈善也要因人而施，绝不能成为被骗的软肋；做人要有原则，坚持原则不等于没有善心。

到底是鞋子要适应脚，还是脚要适应鞋子？大多数人认为是鞋子要适应脚，其实生活并非如此，有时为了洋气要让脚适应高跟鞋，有时为了宽松要让脚适应运动鞋，有时为了温暖要让脚适应棉鞋，有时为了凉爽要让脚适应凉鞋。总之，穿任何不同的鞋都要有个适应过程，不断地适应，都是对脚的考验，从这个角度来看，脚只能服从鞋。

如果某一个人显得很强大，其实不是因为他个人的能力、实力和本领有多强，而是因为他有强大的团队和后盾；某一个人显得很厉害，其实不是因为他个人有多厉害，而是因为他有厉害的组织与靠山。当今社会，比拥有资源更强大的是整合更多资源，比独享资源更厉害的是共享资源。

都说“万事开头难”，其实到了“开弓没有回头箭”之时更难，实施过程中，靠自己或团队能解决的问题都不是问题，怕的是被抬起来的时候，有时半空被扔下，有时挂在半空，那就太难了。面对需要得到上级关照、多方支持和正面解决的问题，不提出来可能会被憋死，提出来可能会遭受不少外部压力，抉择两难。

“己欲立则先立人，己欲达则先达人”，要想成大事、立大业，先要赢得他人的信任、支持、追随与拥戴。如何才能赢得？必须懂得并善于顾他、帮他、爱他、给他，只有先让信任、支持、追随、拥戴你的人们发展、立业，人们才会信任你、支持你、追随你、拥戴你。总之，先立他人，方能立己；先达他人，方能达己。

当下的无奈，是因为当初的冲动或失策；当初的冲动或失策，是因为欲望与虚荣心作怪。欲望过高，是因为戒心不足；虚荣心过重，是因为修为未到。冲动带来无奈，欲望带来风险，失策带来后患，不论在什么样的心情、心境与心态下，不可随意表态、不能轻易决策、不得主观武断，否则，会在无奈中后悔与倒下。

能否获得信任，与自身的修为相关，修养、修行越高的人，被信任的程度越高，甚至会赢得全社会信任；能否信任他人，与自身的胸怀相关，气度、胸襟越大的人，信他的程度越高，如果拥有博大胸怀，就会信任更多的人。要想获得信任，必须提升修为；要想信任他人，必须打开胸怀。

信任是用人的前提，也是受托的基础，如果不予认可，自然不会重用，更不会将要紧的事委托他人；信任是交易的前提，也是合作的基础，如果互不信任，很难促成交易，更难产生共同合作的意愿。不论是社交还是共事，不论是交易还是合作，信任是前提、是基础，如果前提不保障、基础不牢靠，那就不可能有后续。

这是一个讲故事的年代，不少人喜欢讲，很多人喜欢听，讲得津津有味，听得如痴如醉；故事中，有讲儒释道的，有讲上帝圣母的，有讲时代发展的，更有讲憧憬未来的；有的是传说，有的是演义，有的传递能量，有的传播精神，更有的寄托着希望。故事是故事，现实是现实，两者能融合，社会会进步。

都说做事难，想将事做好更难，想将事做得被认可、被赞赏，难上加难。其实，不管难不难，事还是要做，做不做是态度问题，能不能将事做好是能力问题，能否得到认可与赞赏不仅是责任心问题，更是正义、正道、正能量问题。做事犹如做人，只要精诚、精心、精忠去做，就会得到人们的认可与赞赏。

一个人的成功和成就与他的目标和定位相关，一个人的目标和定位与他的选择和决策相关，一个人的选择和决策与他的知识和智慧相关，一个人的知识和智慧与他的能力和努力相关，一个人的能力与努力与他的素质和教养相关，一个人的素质和教养与他的父母和老师相关。可见，父母和老师是每个人成功的根基。

当你遇到莫名其妙的人、碰到莫名其妙的事，不要以为是上天安排，更不能认为是鬼神所至，其实都是人为制造、设计与安排的，只不过是你当初不在意、不留神、无所谓罢了。从客观规律来看，任何事情发生总有前因；从主观意识来看，所有行为表现都有目的。因此，当你遇到莫名其妙的人或事，必须认真反思。

除了血缘、姻缘、同窗缘、战友缘、同事缘之外，后加的关系多与业务、交际、人品、地位、事业、名气、成果相关。有志同道合，也有同流合污的；有利益共享，也有合谋分赃的；有相互支持，也有互相利用的；有认同追随，也有奉承拍马的；有自愿赋能，也有坑蒙拐骗的。人性复杂，小心甄别。

思想主宰行为、指导行为、左右行为，有什么样的思想，就有什么样的行为表现。一个人、一个团队或一个组织的行为表现，都是由自身的思想、领导的思想、领袖的思想所主宰、引导、指示的结果。因此，个人的行为必须服从于自身思想、服从于团队指导、服从于组织领导，只有这样，才能达到步调一致、统一行动。

读文章、写文章、看事物、看问题，都是基本要求；读心术、看人品、鉴人心、解心结，才是根本智慧。物或静或动，或无规则或有规则，可以了解、研究、掌握与驾驭；心或静或动，或按规则或不按规则，难以了解、理解、悟透、引导与驾驭。不论是物、是人，还是心，要想驾驭，应先知本相、悟本意。

向外求，求的是广度与宽度，读万卷书，行万里路；向内求，求的是深度与高度，要求深度反悟、高度思辨。外求与内求既有矛盾，又能统一。重视外求而忽视内求，只能成为阅读者或旅行者；向内求而不向外求，只能成为孤独的私享者。只有既向内求，又向外求，达到内外平衡与协调，方可求得内外同修、稳健发展。

看事看问题，分三个层面。初层靠眼看，眼见为实；中层靠心看，心以为是即是；深层靠智看，见实是实也非实，以为是是也非是。眼下之实有表本之分，表本有一致，也有不一致；眼下之事有实虚之分，可能会被虚幻所蒙蔽。心随意动，用心观察，真假是非因心而定，并非本质；凭智悟事，方得本真。

“三分天注定，七分靠打拼”。这里的“天”既指天地的天，包括道法自然、客观规律，也指国家形势、国际局势、发展趋势、民心大势。“三分天注定”告诫人们不论做什么事、不论怎样努力打拼，都要遵循自然规律、遵守法纪规则，特别要顺着大势而为、顺着民心而为，否则，即使偶然成功，也会后患无穷。

每个人都希望得到赞赏、听到赞美，而不愿意被人批评或指责，但人们往往在被赞赏、赞美之中失败。尽管被批评或被指责会叫人难受，但难受会让人纠错、改进、省悟，会让人少走弯路、少犯错误、减少损失。“良药苦口利于病，忠言逆耳利于行”，当人沉醉于鲜花、掌声、赞誉之时，需要及时反省，以免灾难袭来。

欲望会刺激身体与精神，是人前进的动力，是激发潜能的源泉，促使人们努力拼搏、不懈奋斗；欲望也会诱人犯错，让人发疯，甚至无法无天、无恶不作。欲望到底是什么？关键看人们如何认识。如果欲望践踏道德和法律，那就是恶欲，若不控制，必将为此付出代价。每个人都要为自己的行为负责，也要正视自己的欲望。

有人为读书选择学校而烦恼，有人为工作选择单位而烦恼，有人为恋爱选择对象而烦恼，有人为买房选择楼盘而烦恼，甚至，有人为看电影、看戏选择座位而烦恼。总之，只要有选择机会、有选择空间，人们就会在比较、分析、平衡中思考，不确定的思考就会给人们带来烦恼。有时候，只有机会唯一，才会感受到好运与幸福。

幸福是一种满意、满足、舒适、舒心的感觉，快乐、温馨、和睦、相爱、喜欢、轻松、健康、自由、平等、给予、获取与奉献都会给人带来幸福感；升学、升迁、恋爱、结婚、生子、做寿、进步、发财、成功也会带来幸福感。幸福是相对而言、比较而言的，无处不在、无时不在，关键看用什么心态去对待。

聪明者善于表露思想，意在通过表达显示自己的聪明才华。善于表达自我是把双刃剑，顺则能彰显水平、提高威望，逆则会引发矛盾、引火烧身。因此，在表达意见、表述主张之时，要注意对象、环境、气氛和场合，要注意方式、内容、语气和表情，否则聪明反被聪明误。人不仅需要聪明，而且更需要智慧。

决定能否幸福在于心而不在于身，此心是指能反映精神、思想、意识、境界、文化、信仰的心。如果有一颗正心、诚心、信心、慈悲心、忍耐心、包容心、满足心和感恩心，那就随时会感到幸福；如果有一颗歪心、坏心、黑心、恨心、狠心、贪欲心、妒忌心与害人心，那就永远感受痛苦。

如何看待“门当户对”？从强强合作来看，有道理；如果是“乌龟顶石板”，那么结果是互不相让、两败俱伤。不论是婚姻结合，还是股权合作，不要强求“门当户对”，如果彼此不默契、不投机、不愉快，就会带来意想不到的后患。人际关系靠互让、互补和互惠来维护，明白这个道理，有利于人际和睦。

很多人会站在自己的角度、凭着自己的智慧来发表自己的观点。问题的表象与本质是否真的一致？产生问题的根源到底是什么？大多是“仁者见仁，智者见智”。要想真正了解问题的本质与产生问题的本源，不仅要听取多方意见、建议与观点，更要深入调查与探索研究，只有探明事物本相，才能表述正确观点。

不同的人去认识同一个问题，结论不一样；同一个人去认识不同的问题，结论也不一样。从同一角度看不同事物，结果不一样；从不同角度去看同一事物，结果也不一样。就算在同一时间、同一空间探讨同一个问题，也会因为个人的专业、知识、思维、目的和需求不同，结论大不相同，可见，要想统一观点并不容易。

俗话说，“有多少本领，干多大事业”，有道理。做人应该给自己一个正确评估，既不可低估，更不可高估，低估是浪费人生、没有作为，高估会增加风险、带来危难。但是事实上，有很多人根本不知道自己几斤几两，明知自己的能力、水平和实力不够，偏偏要干大事业，一旦遇到风险，顿觉天塌地陷。

人们总希望一生过着开心、快乐、美满与幸福的日子，但事实上可能性不大。往往要么是少年勤奋好学、青年努力拼搏，中年有所建树、老来平安快乐；要么是少年不求上进、青年贪吃懒做、中年混混日子、老来后悔伤悲。如何才能一生开心、快乐、美满与幸福？只能将艰辛、奋斗与拼搏，当作美满幸福的前奏。

一千个读者心中有一千个哈姆雷特。同一个视频、同一张图片、同一幅画，在不同人的眼里、脑里、心中，能看出不一样的内容，有人看的是艺术，有人欣赏的是美，有人想到的是性。不管怎么看、怎么评、怎么想，都是个人的权利，但可以从不同的看法、评法与想法中，分出不同的境界、水平与修养。